जीवन आनंद के सूत्र

नरेन्द्र बाजपेई

डायमंड बुक्स

www.diamondbooks.in

प्रकाशक : डायमंड पॉकेट बुक्स (प्रा.) लि.
X-30 ओखला इंडस्ट्रियल एरिया, फेस -II
नई दिल्ली- 110020
फोन : 011-40712200
ई-मेल : wecare@diamondbooks.in
वेबसाइट : www.diamondbooks.in

संस्करण : 2025

Jivan Aanand Ke Sutra

by *Narendra Bajpai*

भूमिका

मुझे इस पुस्तक को आपके हाथों में सौंपकर बड़ी खुशी हो रही है। मैंने अपने जीवन के अनुभवों को आधार बनाते हुए इस पुस्तक को लिखने की शुरुआत की थी। जब इस पुस्तक की मैंने शुरुआत की थी तब मुझे यह जानकारी नहीं थी कि पुस्तक कैसे लिखी जाती है? लेकिन धीरे-धीरे लिखते-लिखते कुछ समझ में आने लगा, इसलिए मैंने लेखन अनवरत जारी रखा। मैंने इस पुस्तक के माध्यम से लोगों के जीवन को आसान और आनंदमय बनाने के लिए भरपूर प्रयत्न किया है। यहाँ मैं यह नहीं घोषित कर रहा हूँ कि मैं बहुत ज्ञानी अथवा अत्यन्त अनुभवी व्यक्ति हूँ। मैं आप लोगों के जैसे ही अत्यन्त साधारण व्यक्ति हूँ, लेकिन अपने जीवन के अनुभवों को संसार के लोगों तक पहुँचाने की इच्छा जागृत हुई, सो पहुँचाने का छोटा सा प्रयास कर रहा हूँ।

हालांकि मैं यह समझता हूँ कि शब्द में सत्य को अनुभव करा देने की क्षमता नहीं होती है, लेकिन प्यास पैदा कर देने की ताकत अवश्य होती है। यह पुस्तक पूरी तरह से एक प्रैक्टिकल कोर्स की भांति है। इसे सिर्फ पढ़ लेने से आपके जीवन में विशेष बदलाव आने की संभावना कम ही है, लेकिन इसमें सुझाए गए नियमों और सिद्धांतो को जीवन में प्रयोग करने के बाद बदलाव की अपार संभावना बढ़ जाएंगी, यह मुझे पूरा विश्वास है।

मैंने अपने जीवन को बहुत बारीकी से अवलोकन करने के बाद इस निष्कर्ष पर पहुँचा हूँ कि मनुष्य का जीवन अत्यन्त सरल, सहज और सुखद

है। लेकिन हम स्वयं के कारण इस जीवन यात्रा को अत्यन्त कठिन, दुखद और विषादपूर्ण बना लेते हैं। इस कार्य में हमारा सबसे बड़ा सहयोगी हमारा अंहकार ही बनता है, जो जीवन को पूरी तरह से असंतुलित अवस्था में लाकर खड़ा कर देता है, जिसके कारण जीवन नर्क में तब्दील हो जाता है।

इस पुस्तक के माध्यम से मैंने जीवन को संतुलित बनाए रखने के लिए कुछ सुझाव दिए हैं, जिनको आप भी अपने जीवन में उतार कर जीवन को सहज, सरल और आनंदमय बना सकते हैं। मैं ऐसा इसलिए कह रहा हूँ क्योंकि मेरा जीवन भी कभी अत्यन्त तनावपूर्ण व दुखद रहा है। मैं एक बहुत ही साधारण गाँव के एक साधारण परिवार से हूँ। मैंने गाँव और शहर दोनों का जीवन बहुत बारीकी से अनुभव किया है। आज भी भारत के गाँवों और छोटे शहरों में पुरानी परम्पराएं, सड़ी-गली धारणाएं और मान्यताओं का बोलबाला है, जिसके प्रभाव से देश के बहुत लोगों का जीवन अत्यन्त दुखमय व निराशा से परिपूर्ण है। आज भी लोग कर्म से ज्यादा भाग्य को अपने मन में किसी ठोस पत्थर की भांति स्थापित किए बैठे हैं। जिसकी वजह से देश में गरीबी, बेकारी और बेरोजगारी की समस्या जस की तस बनी हुई है। मेरा यह मानना है कि इस पुस्तक में दिए गए सुझावों को अपनाकर उन समस्या से निजात पाई जा सकती है।

इसी प्रकार मैंने अनुभव किया है कि वैवाहिक जीवन में पति-पत्नी के बीच बहुत ही छोटी-छोटी बातों को लेकर झगड़े होते रहते हैं। थोड़ी सी अनबन होने पर ही बातचीत बंद हो जाती है। दोनों एक-दूसरे पर दोषारोपण करने लगते हैं। छोटी सी गलती या गलतफहमी बहुत बड़े विवाद को जन्म दे देती है और छोटी सी गलती के पीछे कुछ लोगों के बीच तलाक तक हो जाता है। मैंने इन्ही समस्याओं को सुलझाने के लिए अपने कुछ अनुभवों को बांटने कि कोशिश की है। शायद मेरी कोशिश से कुछ लोगों को फायदा हो जाए।

ऐसे ही मैंने बहुत से परिवारों को करीब से देखा है जिनमें अहंकार के चलते आपसी संबंधों में खटास आ जाती है। आज हमारे देश में संयुक्त परिवारों की स्थिति बहुत ही दयनीय है। प्रत्येक संयुक्त परिवार लगभग टूटने के कगार में

हैं, क्योंकि इन परिवारों में जीवन बिल्कुल नीरस और आंनदविहीन रहता है। इन स्थितियों को देखकर मुझे ऐसा लगा कि परिवार से संबंधित कुछ लिखना चाहिए। हो सकता है कुछ लोगों को मेरी बात समझ में आए अथवा कुछ लोगों का जीवन आनंदमय हो सके, यही मेरे जीवन की सबसे बड़ी उपलब्धि होगी।

यह पुस्तक आपको पुरानी धारणाओं, सड़ी-गली परम्पराओं और धार्मिक ढकोसलेपन से मुक्त होने के लिए प्रेरित करती है, क्योंकि यही चीज़ें आपके जीवन को नारकीय बनाने में सबसे ज्यादा प्रभावकारी सिद्ध होती हैं। जैसा कि आप सभी जानते हैं कि जीवन हमेशा वर्तमान से संबंधित होता है, इसलिए आपको वर्तमान समय के अनुसार ही जीवन जीने की कोशिश करनी चाहिए। जीवन कभी भी अतीत से संबंधित नहीं होता, इसलिए पुरानी धारणाओं और मान्यताओं को छोड़ देने में ही भलाई है।

यह पुस्तक आपको वर्तमान में जीने की प्रेरणा देती है। और साथ ही अतीत के चिंतन से छुटकारा तथा भविष्य के प्रति काल्पनिक भय से मुक्त होने में सहायता करेगी, ऐसा मेरा मानना है। साथ ही इस पुस्तक के माध्यम से मैंने युवाओं को वर्तमान क्षण के सौ प्रतिशत उपयोग करने की कला को विकसित करने की कोशिश की है। क्योंकि मेरा मानना है कि किसी भी राष्ट्र की सर्वोन्नति के लिए युवा शक्ति का जागृत होना अति आवश्यक है।

इस पुस्तक में यह कोशिश की गई है कि धर्म को अपने दैनिक क्रिया-कलापों में कैसे शामिल किया जाए? क्योंकि धर्म की अर्थवत्ता सिर्फ शाब्दिक रूप से पूजा, प्रार्थना, इबादत व मंत्र जाप नहीं है। धर्म की अर्थवत्ता तभी है जब हम इसे दैनिक जीवन में धारण करते हैं अथवा प्रयोग करते हैं। अधिकतर लोग तो धर्म को शाब्दिक रूप से समझने व मंदिर-मस्जिद में जाकर पूजा और इबादत करना ही सही समझते हैं। इसीलिए तो दुनिया में इतने मंदिर, मस्जिद,चर्च और गुरुद्वारे स्थापित किए गए हैं। लेकिन हैरानी की बात यह कि इतने प्रकार के पूजा स्थलों के बाद भी दुनिया में धर्म की स्थापना नहीं हो सकी और न संसार में शांति स्थापित हो सकी। इसका कारण बिल्कुल साफ

दिखाई देता है। इस पुस्तक में पाठकों से धर्म को अपने नित्यकर्मों में प्रयोग करने की अपील की गई है।

यह पुस्तक आपको यह समझाने का प्रयास करती है कि जीवन को कैसे संतुलित रखा जाए। क्योंकि मेरा मानना है कि सारे ब्रह्मांड का अस्तित्व संतुलन के सिद्धांत पर ही टिका है। प्रकृति की प्रत्येक चीज में संतुलन है, जिसके बल पर ही सूरज, चांद, तारे, ग्रह आदि संचालित होते रहते हैं। भगवान बुद्ध ने भी सम्यक मार्ग को चुनने की सलाह दी है। उनके अनुसार, जीवन में सदा सम्यक भोग, सम्यक ध्यान और सम्यक समाधि को धारण करने की कोशिश करनी चाहिए। इसी सिद्धांत पर यह पुस्तक आपको जीवन में संतुलन बनाए रखने की प्रेरणा देती है। जिससे आपका जीवन ज्यादा से ज्यादा सुखमय, आनंदमय और शांतिपूर्ण हो सके।

❒

आभार

सबसे पहले मैं उस परम आत्मा का आभार प्रगट करना चाहूँगा, जिसे दुनिया "ओशो" के नाम से जानती है। जिन्हें मैं अपना गुरु भी मानता हूँ। यह अलग बात है कि मुझे उनके दर्शन करने व मिलने का सौभाग्य प्राप्त नहीं हुआ, क्योंकि मैं जब अठारह वर्ष का था तभी वे दुनिया को अलविदा कह चुके थे। लेकिन उनके प्रवचनों को सुनकर और उनकी किताबों को पढ़कर मुझे ऐसा लगता है कि वे मेरे हृदय में ही हैं। मैं इसी बात से स्वयं को अतिसौभाग्यशाली समझता हूँ कि मुझे ऐसे सद्गुरु को पढ़ने व सुनने का अवसर मिला, जिससे मेरा जीवन धन्य हो गया।

इसके बाद मैं अपने पिताजी का आभारी हूँ "जो इस समय दुनिया में नहीं हैं," जिनके कारण मुझे ओशो जी की पुस्तक को पढ़ने का सौभाग्य प्राप्त हुआ, जिनके आशीर्वाद से मेरे जीवन में आमूल परिवर्तन हुआ। मेरे पिता जी भी ओशो के दर्शन व विचारों से अति प्रभावित थे, जिस कारण मेरे और पिताजी के बीच में धर्म, दर्शन और जीवन मूल्यों को लेकर लम्बी वार्तालाप होती थी। यह पुस्तक उस लम्बी वार्तालाप का ही परिणाम है।

अब मैं अपनी जीवन संगिनी का आभार प्रगट करना चाहूँगा जिन्होंने मुझे जीवन के प्रत्येक क्षण और हरेक परिस्थितियों में निःस्वार्थ भाव से अपना अमूल्य सहयोग प्रदान किया। मैं मानता हूँ कि यह दुष्कर कार्य मेरी जीवन संगिनी के बिना असंभव होता। क्योंकि उन्होंने मुझे पूर्ण रूप से स्वतंत्रता प्रदान की और मुझे घर की सभी जिम्मेदारियों से हमेशा मुक्त रखा, कभी भी किसी भी प्रकार की शिकायत नहीं की। उनका यह सहयोग मेरे लिए विशेष महत्त्व रखता है।

मैं अपनी दोनों बेटियों का भी विशेष आभारी हूँ, जिन्होंने हमेशा मुझे प्रोत्साहित किया और इस कठिन कार्य में तकनीकी सहयोग प्रदान किया। मैं उन सभी मित्रों का भी सहयोग नहीं भूलूंगा, जिन्होंने मुझे मानसिक तौर पर समय-समय पर अपना मार्गदर्शन प्रदान किया।

मैं डायमंड पॉकेट बुक्स का भी बहुत आभारी हूँ जिसने विशेष रुचि लेकर इस पुस्तक के प्रकाशन कार्य को शीघ्रता से सम्पन्न करवाने में अपना अमूल्य सहयोग प्रदान किया।

नरेन्द्र बाजपेई

विषय-सूची

विचारों में संतुलन

विचारों का संतुलन आवश्यक है

ईश्वर ने मनुष्य की रचना ही इस प्रकार की है कि कोई भी मनुष्य बिना विचार के जीवन में एक पल भी नहीं रह सकता। मानव मस्तिष्क की रचना ही ऐसी है कि सोते समय भी विचार चलते रहते हैं, शायद इसीलिए मनुष्य को सपने आते हैं। मनुष्य का जीवन विचारों की श्रृंखला है। हमारे विचारों की शक्ति ही जीवन के प्रवाह को चलायमान बनाए रखती है।

मनुष्य का कोई भी कर्म उसके विचारों की तरंगो का ही परिणाम होता हैं। इसलिए मनुष्य जैसा सोचता है वैसा ही करता है और धीरे-धीरे वैसे ही निर्मित होता चला जाता है। हमारा सम्पूर्ण जीवन हमारी सोच के द्वारा ही निर्मित होता है और हमारी सोच का निर्माण विचारों के चिन्तन के द्वारा होता है। हम जिस विचार के बारे में ज्यादा चिन्तन करने लगते हैं, वही विचार हमारी सोच में परिवर्तित हो जाता है। और सोच का परिणाम हमारे कर्म बन जाते हैं और कर्म हमारा जीवन बन जाता है अथवा ऐसे भी कह सकते हैं कि कर्म का परिणाम हमारे जीवन का निर्माण करते हैं। इसलिए श्रीराम चरित मानस में तुलसीदास जी ने कहा है कि:-

कर्म प्रधान विश्व रचि राखा।
जो जस करहि सो तस फल चाखा।।

इसका अर्थ तो यही हुआ कि हम जैसा कर्म करते हैं वैसा ही फल चखते हैं। इसलिए संसार में कर्म की प्रधानता है।

लेकिन सवाल यह पैदा होता है कि अच्छी सोच का निर्माण कैसे हो?

इस सवाल के जबाब में मेरी धारणा यह है कि अच्छी सोच के निर्माण के लिए हमें अच्छे विचारों को बल देना होगा। वैसे तो मानव मस्तिष्क में अच्छे-बुरे विचार दोनों चलते रहते हैं, लेकिन हम अधिकतर बुरे विचारों को ही बल देते हैं, जिससे हमारी सोच नकारात्मक होती जाती हैं, और हम बुरे बनते चले जाते हैं। हमारा कर्म बुरा बनता जाता है, जिससे हमारा जीवन बुरा होता जाता है। इसलिए हमें बुरे विचारों के ऊपर चिन्तन करने से बचना होगा।

हालांकि हम बुरे विचारों को आने से रोक नहीं सकते, क्योंकि यह प्रकृति की अपनी व्यवस्था है। प्रकृति में प्रत्येक चीज विरोधाभाषी है। लेकिन हम इतना अवश्य कर सकते हैं कि बुरे विचारों को बल देने के बजाए अच्छे विचारों का चिन्तन करें। जिससे हमारे मस्तिष्क में अच्छी सोच का निर्माण हो सके।

यहाँ मैं दावे के साथ कह सकता हूँ कि संसार में अधिकतर लोग अच्छा बनने के लिए बुरे विचारों को ही आने से रोकने की कोशिश में जुट जाते हैं। बुरे विचारों को नियत्रिंत करने के लिए तरह-तरह के योग, जप और ध्यान करते हैं, लेकिन अन्ततः हार जाते हैं। क्योंकि हम जिस चीज से लड़ते हैं उसी चीज से हार जाते हैं। यह मन का सिद्धान्त है। ऐसा इसलिए होता है कि मन बुराई से लड़ते-लड़ते स्वयं बुरा हो जाता हैं। यह एक मनोवैज्ञानिक कारण है।

वैसे भी बुराई से लड़ने की कोशिश प्रकृति से लड़ने जैसा है। हमें प्रकृति से लड़ना नहीं बल्कि तालमेल बनाना होगा। हमें अच्छे विचारों के बारे में चिन्तन करना चाहिए, बुरे विचारों की तरफ ध्यान ही नहीं देना चाहिए। जिस प्रकार अंधकार को दूर नहीं किया जा सकता, लेकिन प्रकाश के द्वारा अंधकार का प्रभाव नष्ट किया जा सकता है। उसी प्रकार हम बुरे विचारों को आने से रोक नहीं सकते,लेकिन अच्छे विचारों के चिन्तन के प्रभाव के द्वारा बुरे विचारों के प्रभाव को नष्ट कर सकते हैं।

अब सवाल यह उठता है कि अच्छे विचार क्या हैं? और बुरे विचार क्या हैं?

मेरा मानना है कि जो विचार, जो सोच, जो कर्म हमारे जीवन को सुखमय और आनंदमय बनाते हों, वही अच्छे विचार हैं। ठीक इसके विपरीत जो विचार, जो सोच, जो कर्म हमारे जीवन में दुख, दर्द, अपमान और चिंता भर देते हों, वो ही बुरे विचार हैं। आखिर परिणाम ही तो कसौटी होती है।

इसलिए हमें विचारों में संतुलन बनाए रखने के लिए अच्छे विचारों के बारे में ही चिन्तन करने की कोशिश करनी होगी। क्योंकि हम लोग अधिकतर बुरे विचारों का ही चिन्तन करते हैं। यदि आप चाहते हैं कि आपका जीवन आनन्द से सराबोर हो तो सही को चुनना होगा, गलत को छोड़ना होगा।

वैचारिक असंतुलन का कारण सेक्स

आपको शायद यह जानकर बड़ी हैरानी होगी कि मनुष्य जीवन का अधिकतर समय सेक्स के बारे में सोचते हुए व्यतीत करता है। मनोवैज्ञानिक सिगमंड फ्रायड ने अपने जीवन भर के रिसर्च के दौरान यह पाया कि मनुष्य की नब्बे प्रतिशत बीमारियां अचेतन मन में दबे हुए सेक्स के कारण पैदा होती हैं। जो कई तरह की बीमारियों के रूप में प्रतिफलित होती हैं। जिनकी अभिव्यक्ति शरीर में भी दिखाई पड़ती हैं।

आज बहुत सी बीमारियों का कारण तनाव बताया जा रहा है। यह तनाव भी वैचारिक सेक्स के कारण पैदा होता है। इसकी शुरुआत मनुष्य के बचपन से लेकर जवान होने के साथ-साथ बढ़ता जाता है। आपको शायद इस बात की खबर न हो कि जब तक आप में यौवन नहीं आया रहा होगा, तब तक आप बिल्कुल आनंद में रहे होंगे और जवानी आते ही एक बिल्कुल अलग तरह की चिंता और तनाव में घिर गए होंगे।

असल में जवानी में विपरीत लिंग के प्रति आकर्षण इस कदर बढ़ जाता है कि उसके बारे में सोचते रहने के कारण व्यक्ति तनावग्रस्त हो जाता है। जहाँ तक तनाव से तात्पर्य है, वह यह है कि जब आप किसी भी विषय के बारे में लगातार सोचते रहते

हैं तो तनावग्रस्त हो जाते हैं। जवानी में सेक्स के अतिरिक्त और कोई मूल तनाव हो ही नहीं सकता।

मनोवैज्ञानिकीय निष्कर्ष यह निकलता है कि जो व्यक्ति जीवन में सेक्स का जितना ज्यादा दमन करता है, वह उसी अनुपात में उतना ही सेक्स के बारे में सोचता है। फिर चाहे वह स्त्री हो अथवा पुरुष हो, यह बात दोनों के लिए बराबर लागू होती है। जिन देशों में सेक्स को जितना छुपाया जाता है, वहाँ इसके प्रति उतना ही आकर्षण होने की संभावना बढ़ जाती है। हमारे देश में भी लगभग ऐसा ही हुआ है। इस तथ्य को प्रत्येक भारतीय स्वयं ही महसूस कर सकता है कि ऐसा वास्तव में है या नहीं? हाँ, यदि आपके जीवन में विशेष लक्ष्य है तो ऐसा होने की संभावना बहुत कम रह जाती है, क्योंकि तब आपका ध्यान अपने लक्ष्य की ओर रहता है।

हमारे देश के महान विचारक और दार्शनिक ओशो कहते हैं कि सेक्स की ऊर्जा को दमित नहीं किया जाना चाहिए, बल्कि उसको रूपान्तरित करने की कोशिश करनी चाहिए। क्योंकि सेक्स की ऊर्जा को नष्ट नहीं किया जा सकता। सेक्स मनुष्य की ऊर्जा का प्रमुख स्रोत है। यदि इसे रूपान्तरित नहीं किया जाता, तो यह व्यक्ति को ही रूपान्तरित कर देता है। व्यक्ति को यह ऊर्जा दमन के कारण मानसिक विकृति की स्थिति तक पहुंचा देती है। क्योंकि ऊर्जा का नियम है कि ऊर्जा कभी नष्ट नहीं हो सकती, सिर्फ रूपान्तरित हो सकती है। यदि ऊर्जा का सकारात्मक उपयोग नहीं किया जाता तो नकरात्मक उपयोग स्वयं ही होने लगता है। सेक्स की दमित ऊर्जा व्यक्ति को कुठिंत कर देती है और व्यक्ति जीवन भर इस दमन से मुक्त नहीं हो पाता।

मनुष्य की कामेंन्द्रि ऊर्जा का मुल बिन्दु है। यही वह जगह है जहां से ऊर्जा नीचे की ओर तथा ऊपर की ओर प्रवाहित होती है। जब हम ऊर्जा को ऊपर की ओर अर्थात चेतना की ओर ले जाने में सफल नहीं होते, तो वह स्वतः ही नीचे की ओर बहने लगती है। क्योंकि ऊर्जा को नीचे की ओर बहने के लिए कोई अतिरिक्त शक्ति की आवश्यकता नहीं पड़ती। शरीर के इस मध्य बिन्दु को ही मूलाधार चक्र कहा जाता है। जब व्यक्ति के जीवन में कोई महत्वपूर्ण उद्देश्य नहीं होता, तब ऊर्जा को ऊपर अर्थात चेतना की ओर प्रवाहित होने का मौका ही नहीं मिलता। आखिर कोई

न कोई कारण चाहिए जिससे ऊर्जा नीचे की ओर प्रवाहित होने के बजाए उर्ध्वाधर प्रवाहित होने लगे।

बड़ी पुरानी कहावत है कि खाली दिमाग शैतान का घर होता है। जैसे ही हम सोचनीय मुद्रा (Thinking Mode) में होते हैं, वैसे ही दिमाग में शैतानियत के भाव उत्पन्न होने लगते हैं। कहने का तात्पर्य यह है कि दिमाग खाली हुआ और नकारात्मक सोच की धारा प्रवाहित होने लगती है। इसलिए खाली बैठने से बचने की कोशिश करनी चाहिए। कुछ न कुछ करते रहना चाहिए। मनोवैज्ञानिक फ्रायड का विश्लेषण बिल्कुल ठीक है। फ्रायड ने कहा है कि कोई व्यक्ति जब कुछ नहीं कर रहा होता तो वह सेक्स के बारे में ही सोचता है। इस तर्क का परीक्षण आप स्वयं ही करना कि ऐसा है कि नहीं? मज़े की बात तो यह है कि जब हम कुछ कर भी रहे होते हैं तब भी मन का एक हिस्सा दूसरी चीज़ के बारे में सोचता है। और अधिकतर सेक्स के बारे में ही सोच रहा होता है।

ऐसा इसलिए होता है क्योंकि हम कोई भी कार्य सौ प्रतिशत ध्यान लगाकर नहीं करते। कुछ कार्य तो यंत्रवत ही होते रहते हैं, उनमें ध्यान लगाने की कोई जरूरत नहीं पड़ती। फिर भी खाली बैठने से तो अच्छा होता है, क्योंकि मन का आधा हिस्सा तो व्यस्त ही रहता है।

दरअसल, मनुष्य की काम ऊर्जा ही प्रमुख ऊर्जा है। जो व्यक्ति जितना ज्यादा कामुक होता है, उसके भीतर उसी अनुपात में महान होने की उतनी ही संभावना रहती है। उदाहरण के तौर पर महात्मा गांधी को ही लीजिए। गांधी जी जवानी के दिनों में अत्यन्त कामुक व्यक्ति थे। उन्होंने स्वयं इस बात का खुलासा अपनी आत्मकथा "आत्मकथा और सत्य के प्रयोग" में किया है। लेकिन उनके जीवन में एक ऐसी घटना घटती है कि हमेशा के लिए सेक्स का रूपांतरण हो जाता है। घटना ऐसी है कि गांधीजी के पिताजी मरणासन्न स्थिति में थे और गांधी जी उनके पैर दबा रहे थे। अचानक उनके भीतर वासना जागी और वो पिताजी को छोड़कर पत्नी के पास चले गए। और उसी रात उनके पिताजी का स्वर्गवाश हो गया। गांधी जी अपने पिता जी के साथ अंतिम क्षणों में नहीं रह पाए। कुछ दिन बाद उनकी पत्नी को जो बच्चा पैदा हुआ, वह भी मृत पैदा हुआ। चूंकि गांधी जी ने अपनी पत्नी के साथ गर्भावस्था में

सहवास किया था, शायद इसलिए ऐसा हो गया। इस घटना के बाद उन्हें इस कदर अफसोस हुआ कि वो जीवन भर ब्रह्मचर्य व्रत का पालन करने का निर्णय ले लिया।

आखिर क्या हुआ? हुआ यह कि उनकी काम ऊर्जा रूपान्तरित हो गई। गांधी जी के महान होने में इस घटना का विशेष योगदान है। उन्होंने पूरा जीवन मानव सेवा और राष्ट्रसेवा के लिए समर्पित कर दिया।

ठीक इसी तरह किसी भी व्यक्ति की काम ऊर्जा जब रूपान्तरित हो जाती है तो वह जीवन के शिखर को छू पाता है। आज तक जितने भी लोग महानतम उपलब्धि को हासिल कर पाए हैं, तो उसके पीछे सिर्फ काम ऊर्जा का रूपान्तरण ही रहा है। चाहे वह ईश्वरत्व को उपलब्ध व्यक्ति हों, दार्शनिक हों, साहित्यकार हों, संगीतकार हो, गायक हो, अभिनेता हो, महानतम् खिलाड़ी हो, महान राजनेता हो अथवा किसी भी क्षेत्र में शिखरता को उपलब्ध व्यक्ति हो। वे सभी सिर्फ अपनी काम ऊर्जा को रूपान्तरित करके जीवन को सुयोग्य और सफल बना पाए हैं।

दरअसल, आपका वर्तमान जीवन ही आपकी कसौटी है। आप परिणाम को ही कसौटी मान सकते हैं। आपकी वर्तमान स्थिति यह दर्शाती है कि आप कितने कामवासना से घिरे हुए हैं। यदि आप गरीब हैं, असफल हैं, दुखी हैं, तो सिर्फ स्वयं के कारण। क्योंकि ये सब चीज़ें कामुकता से पैदा होती हैं। कामवासना से भरे हुए चित्त को दुख और वासना से मुक्त चित्त को सुख, सफलता और आनंद की प्राप्ति होती है। यही सबसे बड़ी कसौटी है।

अहंकार ही दुख का मूल कारण

मनुष्य आदिकाल से लेकर आज तक सिर्फ सुख की तलाश करता रहा है। मनुष्य की यह स्वाभाविक माँग है। संसार में ऐसा कोई व्यक्ति खोजने से भी नहीं मिलेगा, जो दुख चाहता हो। आदिमानव से लेकर आधुनिक युग के मनुष्य ने जितनी भी खोजें की हैं, वो सभी मात्र सुख की लालसा के लिए ही हैं। आज हम जितने भी भौतिक सुख साधन देखते हैं, उसके पीछे मनुष्य के आनंद के अतिरिक्त और कोई दूसरा कारण हो नहीं सकता। हम भी दैनिक जीवन में सुबह उठने से लेकर रात सोने तक जो भी करते हैं उसके पीछे सुख की कामना ही तो है। और यदि यह कामना

न होती, तो मनुष्य भी पशु-पक्षियों जैसा जीवन व्यतीत करता, और आनंदित रह सकता। लेकिन मनुष्य पूरे जीवन सुख खोजता है, फिर भी उसके हाथ में सिर्फ दुख के सिवाय कुछ और नहीं लगता।

आखिर इसका क्या कारण हो सकता है?

जहाँ तक मुझे अनुभव हुआ कि इसका मुख्य कारण हमारा अंहकार ही होता है। अहंकार ही मनुष्य को आनंद तक की यात्रा करने में बाधा पहुंचाता है। यदि आप गहराई से निरीक्षण करेंगे तो पाएंगे कि आपके प्रत्येक कृत्य में अहंकार के अतिरिक्त कुछ है ही नहीं। प्रत्येक मनुष्य इस मानसिक महामारी से पीड़ित है। मनोवैज्ञानिक फ्रायड यहाँ तक कहते हैं कि मनुष्य की सारी बीमारी अहंकार के कारण ही पैदा होती है। अहंकार के कारण ही संसार में दुख, विषाद, घृणा, द्वेष, लड़ाई-झगड़े, युद्ध, महायुद्ध आदि होते हैं। यदि अहंकार न हो, तो कोई भी व्यक्ति स्वयं को सर्वश्रेष्ठ सिद्ध करने की कोशिश ही नहीं करेगा। और यदि श्रेष्ठता सिद्ध करने की चाहत न हो, तो संसार में इतनी वैमनस्यता नहीं हो सकती।

मनुष्य ही पूरे प्राणिजगत में ऐसा प्राणी है जो जीवन भर सुख खोजता है और प्रत्येक सुख के पीछे दुख को उपलब्ध करता है। क्योंकि हमारे प्रत्येक कर्म में अहंकार की छाया नजर आती है। अधिकतर तो हम जो भी करते हैं वह दूसरों को देखकर ही करते हैं, उसमें हमारे हृदय की पुकार नहीं होती। दूसरों की नजरों में हमारा कृत्य ठीक है या नहीं, हमें इस बात की ज्यादा चिन्ता रहती है।

उदाहरण के तौर पर, यदि किसी व्यक्ति को निर्जन स्थान पर छोड़ दिया जाए तो वह संसार में रहकर जो कृत्य करता है, क्या वह अकेला करेगा? हरगिज नहीं। क्योंकि वहां उसे देखने वाला कोई नहीं होगा। हम जो भी कृत्य करते हैं स्वयं के लिए कम, बल्कि दूसरों को दिखाने के लिए ज्यादा करते हैं। हमें जरूरत से ज्यादा दिखावेपन में विश्वास होता है।

आज मनुष्य का जीवन केवल अहंकार की अभिव्यक्ति बनकर रह गया है। हमारे बड़े बंगले, महंगी कारें, महंगे कपड़े, महंगे इलेक्ट्रॉनिक समान और करोड़ों के आभूषण इत्यादि सब अहंकार की अभिव्याक्त ही तो हैं, वरना जिसके पास ये चीज़ें

नहीं होतीं, उसको तो मर जाना चाहिए। लेकिन वह भी जीता है, वह भी आनंदित होता है बल्कि कुछ ज्यादा ही होता है। क्योंकि आनंद कभी वस्तुओं का गुलाम नहीं होता। आज हम जिन वस्तुओं के संग्रह हेतु पूरा जीवन गुज़ार देते हैं और फिर भी दुखी होते हैं, वहीं भगवान बुद्ध जैसे लोग इन सभी वस्तुओं को त्यागकर महाआनंद को उपलब्ध हो जाते हैं।

दरअसल, जिसके जीवन में प्रेम नहीं होता, उसके जीवन में मात्र अहंकार के अतिरिक्त और कुछ हो भी नहीं सकता, क्योंकि अहंकार, प्रेम का विपरीत मार्ग है। जिसके जीवन में प्रेम होता है, तो अहंकार नहीं होता और जिस व्यक्ति के जीवन में अहंकार होता है, तो प्रेम नहीं होता। प्रेम की कमी ही अहंकार का कारण बनता है। प्रेम, मनुष्य के जीवन की कसौटी है। प्रेम के बिना जीवन में आनंद तो हो ही नहीं सकता, चाहे कोई कितनी ही वस्तुओं का संग्रह क्यों न कर ले।

दरअसल, वस्तुओं से प्रेम उसी व्यक्ति को होता है जिसे व्यक्तियों से प्रेम नहीं होता। जो व्यक्ति निर्जीव से प्रेम करता है उसे सजीव (अर्थात प्राणी और वनस्पति) से प्रेम हो ही नहीं सकता। और जिसे मनुष्य से प्रेम होता है, उसे समष्टि से प्रेम होता है। चूंकि हमारे प्रेम में सबसे बड़ी बाधा मनुष्यों से की गई घृणा होती है, इसलिए मनुष्य से किया गया प्रेम ही हमें परमात्मा तक पहुंचाता है, अन्यथा परमात्मा को उपलब्ध होने का और कोई मार्ग नहीं बचता। मनुष्य के प्रति किया गया प्रेम ही एक दिन भक्ति के मार्ग की आखिरी मंजिल तक पहुँचाने में सहायक होता है। प्रेम केन्द्र है, बाकि सब क्रियाएं परिधि हैं। फिर चाहे वह जप हो, तप हो, साधना हो, ज्ञान हो अथवा योग हो। इन सभी क्रियायों के माध्यम से ही व्यक्ति प्रेम को उपलब्ध होता है और प्रेम के द्वारा ही भक्ति का जन्म होता है।

आखिर मनुष्य, मनुष्य को प्रेम क्यों नहीं कर पाता?

दरसअल मनुष्य, मनुष्य को प्रेम इसलिए नहीं कर पाता, क्योंकि प्रत्येक व्यक्ति दूसरे से प्रेम पाना चाहता है। प्रत्येक व्यक्ति की शर्त यही होती है कि जब मुझे कोई प्रेम करेगा, तभी मैं प्रेम करूंगा। इस सिद्धांत के कारण कोई किसी को प्रेम नहीं कर पाता। यह अहंकार का ही रूप है। हमारा प्रेम भी प्रतिउत्तर होता है। इसका मूल कारण

यह होता है कि हमारे सभी कर्म प्रतिकर्म होते हैं। हमारा अपना कोई कर्म नहीं होता है। हम प्रतिकर्म की दुनिया में जीवन जीते हैं। जो कि पूर्णतः अस्वाभाविक होता है।

दरसअल, जो प्रेम से भरा नहीं होता, वह प्रेम की शुरुआत कर ही नहीं सकता। क्योंकि प्रेम देने के लिए प्रेम से सराबोर होना आवश्यक शर्त है। जैसे एक भिखारी किसी को दान नहीं दे सकता, क्योंकि वह स्वयं दान ले रहा है। उसका पात्र स्वयं खाली है, वह दूसरे को क्या दान करेगा? प्रेम से सराबोर वही हो सकता है, जो जीवन के सत्य को स्वीकार करता है, जो जीवन को होशपूर्वक जीता है। बेहोश व्यक्ति जीवन के सत्य को कभी नहीं स्वीकार कर सकता।

यहाँ जीवन के सत्य से तात्पर्य है मृत्यु का बोध होना। इसलिए जो होशपूर्वक जीता है वह मृत्यु को सदा याद रखता है। उसे बोध रहता है कि मेरे जीवन का अंत सुनिश्चित है। आप कहेंगे कि यह तो सभी को पता होता है। मैं मानता हूँ कि यह तथ्य सभी को पता होता है लेकिन प्रतिपल बोध नहीं रहता। यह बोध मनुष्य को सिर्फ श्मशान पर होता है। जब कोई व्यक्ति श्मशान पर अपने ही किसी मित्र या परिवार के किसी सदस्य की जलती हुई लाश को देखता है, तभी उसे होश आता है कि एक दिन मैं भी मर जाऊँगा। लेकिन यह होश सिर्फ चंद पलों का होता है। श्मशान से बाहर निकलते ही मनुष्य फिर बेहोशी में खो जाता है।

जिस व्यक्ति को मृत्यु के बावत् जितना होश रहता है, वह उतना ही प्रेम से लबालब होता है। ऐसा व्यक्ति ही मनुष्यों को प्रेम दे पाता है। ऐसे व्यक्ति का प्रेम प्रतिउत्तर के लिए नहीं होता, बल्कि स्वाभाविक होता है। प्रेम ही उसका स्वभाव बन जाता है। ऐसे व्यक्ति के जीवन में घृणा और अहंकार की छाया तक नज़र नहीं आती।

आपने महसूस किया होगा कि जब आप किसी की शवयात्रा में शामिल होते हैं अथवा श्मशान में मुर्दे को जलाने जाते हैं, उस समय आपकी सोच और समझ बिल्कुल भिन्न होती है। पूरा जीवन ही निरर्थक लगने लगता है और आप ज्ञान की बातें करने लगते हैं। ऐसा क्यों होता है?

ऐसा इसलिए होता है कि तब आप जीवन के परम सत्य को देख रहे होते हैं और उसे महसूस भी कर रहे होते हैं। कोई भी व्यक्ति श्मशान में ही होशपूर्वक रह सकता

है। और वहाँ से बाहर होते ही फिर बेहोश अवस्था में आ जाता है। आप श्मशान से बाहर होते ही फिर संसार की क्षुद्रताओं में खो जाते हैं।

मेरी तो व्यक्तिगत राय यही है कि यदि आपको अपने जीवन से अहंकार को विसर्जित करना है तो मंदिर के बजाय श्मशान में जाते रहना चाहिए। क्योंकि हम मंदिर में अपने अहंकार की पूर्ति के लिए ही ईश्वर से विनती करने जाते हैं। हमारा ईश्वर के प्रति कोई श्रद्धा का भाव नहीं रहता। हम अपने जीवन में प्रेम के उदय के लिए मंदिर में विनती करने नहीं जाते हैं। हम सिर्फ अपनी कामनाओं और वासनाओं की पूर्ति हेतु ईश्वर से भीख माँगने जाते हैं। और जब यही कामनाएं पूर्ण हो जाती है तब संसार के सामने अपनी कर्मशीलता का दंभ दिखाते हैं। तब ईश्वर के प्रति हमारे मन में धन्यवाद का भाव भी पैदा नहीं होता। इसलिए मेरी दृष्टि में मंदिर के बजाय श्मशान ज्यादा अर्थपूर्ण हो सकता है।

सकारात्मक सोचने की आदत डालें

हमारा मस्तिष्क हमेशा विचारशील अवस्था में रहता है। हर पल विचारों की श्रृंखला चलती रहती है। उसमें अच्छे विचार और बुरे विचार दोनों सम्मिलित होते हैं। हम जिस विचार को ऊर्जा प्रदान करते हैं अर्थात ध्यान देते हैं, जिसका चिन्तन करते हैं वही विचार हमारी सोच में परिवर्तित हो जाता है।

मस्तिष्क में विचारों के क्रियान्वयन में बाहरी शक्तियों का विशेष प्रभाव होता है। हम जैसा देखते हैं, जैसा सुनते हैं, वैसा ही सोचते हैं। हमारा मस्तिक इसी विचार प्रक्रिया का फैलाव करता रहता है। यही प्रक्रिया हमारी सोच का निर्माण करती है। इसलिए कहा जाता है कि बुरा मत देखो, बुरा मत सुनो और बुरा मत कहो। ऐसा इसलिए कहा जाता है क्योंकि यही तीनों चीज़ें हमारी सोच को प्रभावित करती हैं। इसलिए दुनिया के सभी शास्त्र कहते हैं कि सत्संग करना चाहिए। सत्संग अर्थात सत्य के साथ जीना। जो हमारे लिए हितकर हो, जो हमारे जीवन को सुख-शांति प्रदान करे, वहीं सत्संग है।

यदि आप चाहते हैं कि आपका जीवन सकारात्मक हो, सोच सकारात्मक हो, तो आपको सकारात्मक चीज़ों की संगति करनी होगी। फिर चाहे वह अच्छे व्यक्ति

हों, अच्छी पुस्तके हों, अच्छा स्थान हो या अच्छी बातें हों। हमारी संगति जैसी होगी, हमारे व्यक्तित्व का निर्माण वैसा ही होगा। सकारात्मक सोच कैसे बनती हैं?

सकारात्मक सोच के लिए हमें नजरिया बदलने की जरूरत होती है। यदि हम यह मानते हैं कि मैं सही हूँ और सारी दुनिया गलत है, तभी हम गलत हो जाते हैं। यह नजरिया ही हमारे भीतर नकारात्मक सोच को पैदा करता है। इस स्थिति में हमें प्रत्येक व्यक्ति बुरा लगने लगता है। हम प्रत्येक व्यक्ति में सिर्फ कमियां खोजने लगते हैं, और किसी भी कमी को आधार मानकर उसे बुरा घोषित कर देते हैं। धीरे-धीरे जब हमारा काम सिर्फ लोगों में कमियों को ढूढ़ना रह जाता हैं, तब यह प्रवृत्ति हमारी आदत में परिवर्तित हो जाती है और हम नकारात्मक व्यक्तित्व के स्वामी बन जाते हैं।

नकारात्मक सोच से बचने के लिए क्या करें?

ऐसे व्यक्तित्व के स्वामी बनने से बचने के लिए हमें अपने नजरिए को बदलने की आवश्यकता होती है। हमें यह मानना होगा कि संसार में कोई भी व्यक्ति परिपूर्ण नहीं होता। ईश्वर किसी को भी परिपूर्ण नहीं बनाता। प्रत्येक व्यक्ति में कुछ न कुछ कमी अवश्य होती है, फिर चाहे वह हमें कितना भी अच्छा क्यों न लगे। वैसे ही संसार के बुरे से बुरे व्यक्ति में भी कुछ न कुछ अच्छाई अवश्य होती है, फिर चाहे वह हमें कितना भी बुरा क्यों न लगे। यहाँ अच्छाई और बुराई की मात्रा में भेद अवश्य हो सकता है, लेकिन प्रत्येक व्यक्ति में दोनों चीज़ें मौजूद अवश्य रहती हैं।

हाँ! यह अवश्य हो सकता है कि कोई ज्यादा अच्छा हो तो कोई कम अच्छा हो। इसी प्रकार कोई ज्यादा बुरा हो सकता है तो कोई कम बुरा हो सकता है। यह व्यवस्था तो प्राकृतिक है। ईश्वर किसी एक को दूसरे के जैसा बनाता ही नहीं। वह तो प्रत्येक व्यक्ति को अलग-अलग ढंग से रचता है, उसकी रचना अद्वितीय है। जब किसी व्यक्ति को इतनी सी बात समझ में आ जाती है तो उसका नज़रिया स्वतः ही बदल जाता है। लेकिन हमारा अहंकार हमें ऐसे सोचने ही नहीं देता। हम अहंकार के कारण प्रत्येक व्यक्ति के भीतर सिर्फ़ कमियों को देखते हैं और उनकी चर्चा करते हैं। उसके हर नकारात्मक पहलू की जाँच परख करते हैं। हम सिर्फ सिक्के के एक पहलू के बारे में सोचते हैं, दूसरे पहलू पर हमारा ध्यान ही नहीं जाता। इसलिए हमें

प्रत्येक व्यक्ति नकारात्मक लगने लगता है, क्योंकि हम उसकी अच्छाई देखना ही नहीं चाहते। और गलती से किसी व्यक्ति की अच्छाई दिख भी जाती है तो उसे बुराई के बोझ तले दबा देने की पूरी कोशिश करते हैं। दूसरे के प्रति प्रत्येक व्यक्ति का नजरिया ऐसा ही होता है।

ऐसा क्यों होता है?

ऐसा इसलिए होता हैं कि हमारा ध्यान स्वयं की ओर कभी जाता ही नहीं, क्योंकि हमें यही लगता है कि मैं संसार का सबसे अच्छा व्यक्ति हूँ। जबकि हकीकत यह होती हैं कि दूसरों में कमी ढूढ़ने वाला व्यक्ति ही सबसे बुरा होता है, इसलिए तो कबीरदास जी कहते हैं कि:-

बुरा जो देखन में चला, बुरा न मिलिया कोय।
जो दिल खोजा आपनो, मुझसे बुरा न कोय।।

यही मनुष्य की सच्चाई है। जिस दिन हम स्वयं को खोजना शुरू कर देते हैं तो यही पाते हैं कि मुझसे बुरा संसार में कोई व्यक्ति नहीं है। हमें तभी एहसास होगा कि मुझमें सिर्फ बुराई ही बुराई है। अभी तो हम दूसरों की बुराईयों को खोजने में जीवन को व्यतीत कर रहे हैं। संसार के अधिकतर लोगों को यही लगता है कि ईश्वर ने हमें दूसरों की बुराई करने के लिए ही संसार में भेजा है, इसलिए तो लोग बुराई खोजने में जुटे रहते हैं।

क्या किया जाए?

हमें ऐसे लोगों की संगति से बचना होगा। हमेशा याद रखे! जो लोग आपके सामने दूसरों की बुराई करते हैं वे दूसरों के सामने आपकी भी बुराई करेंगे। ऐसे लोग किसी को भी नहीं छोड़ते। इसलिए हमें स्वयं ऐसे लोगों के बीच बैठकर दूसरों की बुराई नहीं सुननी चाहिए। क्योंकि बुरा सुनने से बुरे विचार ही मन में पैदा होंगे। इसलिए हमें जड़ को ही काटने की कोशिश करनी चाहिए।

जब हम बुरे लोगों की संगति में नहीं होंगे तो निश्चित ही हम अच्छे लोगों की संगति पाएंगे। क्योंकि मनुष्य का स्वभाव है कि वह समुदाय में जीवन जीता

है। सामाजिक प्राणी होने के नाते समाज की आवश्यकता होती है, इसलिए मनुष्य बुराई से बचने के लिए एकाकी जीवन तो जी नहीं सकता। मनुष्य को व्यक्तियों की आवश्यकता तो होगी ही। इसलिए हमें अच्छे लोगो की संगति करनी चहिए। जिस दिन हम यह समझ जाएंगे कि हमारी सोच में दूसरों का कितना योगदान होता है, उसी दिन हम अच्छे व्यक्तियों की खोज में स्वतः ही जुट जाएंगे और सकारात्मक व्यक्तित्व के स्वामी बन जाएंगे।

जैसा कि तुलसीदास जी ने श्रीरामचरित मानस में कहा है कि,

"सठ सुधरहिं सतसंगति पाई, पारस परस कुधात सुहाई।"

जिस प्रकार लोहा पारस पत्थर के सम्पर्क में आने से सोने में परिवर्तित हो जाता है, उसी प्रकार मूर्ख से मूर्ख व्यक्ति भी अच्छे लोगों की संगति पाकर विद्वान बनकर सुधर जाता है।

अच्छी संगति के द्वारा ही हम जीवन में जो कुछ पाना चाहते हैं, वह सब कुछ पा सकते हैं, इसलिए हमें अपनी संगति पर विशेष ध्यान देना चाहिए।

समस्या के बारे में सोचें नहीं, समाधान करें

जीवन सापेक्षता के सिद्धांत पर चलता है, जिसे आइंस्टीन ने सिद्ध किया है। जीवन में सुख है तो दुख भी होगा, यह जीवन का अनिवार्य नियम है। संसार में प्रत्येक चीज़ किसी न किसी के सापेक्ष है। हम इसको नकारना भी चाहें तो नकार नहीं पाएंगे। समस्याएं जीवन का अभिन्न अंग हैं। जैसे स्वास्थ्य है तो बीमारी भी निश्चित होगी। आज तक ऐसा कोई व्यक्ति न हुआ होगा जो शारीरिक अथवा मानसिक रूप से बीमार न हुआ हो। बड़े-बड़े योगी, तपस्वी भी शारीरिक पीड़ा से गुजरे हैं। रामकृष्ण परमहंस जैसे योगी भी कैंसर जैसी बीमारी से पीड़ित थे। जिनके जीवन में शारीरिक अथवा मानसिक बीमारी नहीं होती, फिर भी उनका शरीर तो बूढ़ा होता ही है और जब शरीर बूढ़ा होता है तो हजार तरह की बीमारियां स्वयं पैदा हो जाती हैं।

लेकिन आज हम सब शारीरिक रूप से कम, मानसिक रूप से ज्यादा बीमार हैं। वर्तमान समय की सबसे बड़ी समस्या मानसिक बीमारी है। प्रत्येक मनुष्य इस बीमारी से ग्रस्त है। हालांकि मानसिक बीमारी जैसी कोई बीमारी नहीं होती, अगर कोई

जन्म से ही मानसिक विकलांग न हो तो। लेकिन अहंकार, चिन्ता, भय, द्वेष, ईर्ष्या, प्रतिस्पर्धा, आलस्य आदि के कारण मनुष्य इस बीमारी से भयंकर रूप से पीड़ित है।

जहाँ तक मुझे महसूस होता है कि वर्तमान समय की समस्या का मूल कारण हमारा अहंकार ही है। अहंकार के कारण आज का मनुष्य जितना दुखी है उतना और किसी कारणवश नहीं। बड़ा मकान, महंगी कार, महंगे कपड़े, आभूषण और ढेर सारा बैंक बैलेंस, यही तो सब हमारी समस्या है न? ये समस्याएं कुछ लोगों की नहीं हैं, बल्कि पूरी मनुष्यता की हैं। प्रत्येक व्यक्ति अरबपति बनने की इच्छा रखता है। यह अलग बात है कि कुछ लोग अपने कर्मों के द्वारा इसे हासिल कर लेते हैं, लेकिन अधिकतर लोग सिर्फ सोचते-सोचते ही अपना जीवन काट देते हैं। ऐसा अधिकतर लोगों के साथ इसलिए होता है, क्योंकि उनकी इच्छा में प्रबलता नहीं होती अथवा आकर्षणके कारण इच्छायें उठती हैं और समाप्त हो जाती हैं।

मेरा मानना है कि समस्या कहलाती ही वही है, जिसका समाधान होता है। और जिसका कोई समाधान नहीं होता, वह समस्या नहीं, सिर्फ अज्ञानता के कारण जन्मी मानसिक बीमारी होती है। उदाहरण के लिए यदि कोई व्यक्ति अपने छोटे कद के कारण परेशान है तो वह मानसिक बीमार है, क्योंकि उसे भलिभाँति पता होता है कि इसका कोई समाधान हो नहीं सकता। फिर भी अज्ञानतावश या दूसरों के कद को देखकर ईर्ष्यावश परेशान है, तो कोई क्या कर सकता है? कोई अपने सांवले रंग से परेशान है, कोई अपनी जाति से परेशान है। कुछ लोग तो मौसम के कारण परेशान रहते हैं, जिसका वे कोई हल निकाल ही नहीं सकते, फिर भी परेशान हैं। कोई अपने पड़ोसी के स्वभाव से परेशान है, तो कुछ लोग बदलते परिवेश से परेशान हैं। बूढ़े लोग अक्सर वर्तमान समय के रहन-सहन और जीवनशैली से परेशान रहते हैं। अधिकतर पति-पत्नी एक दूसरे के व्यवहार से परेशान रहते हैं।

ये तमाम तरह की परेशानियां सिर्फ मानसिक नजरिए के कारण पैदा होती हैं और कुछ भी नहीं। दरअसल, ये समस्याएं हैं ही नहीं, क्योंकि हम जिन चीज़ों को बदल नहीं सकते और यदि उनके कारण परेशान हैं, तो हम सिर्फ मानसिक रूप से विक्षिप्त या अज्ञानी हैं।

दरसअल, हम समस्या उसी को कह सकते हैं जिसके कारण जीवन रूपी

अस्तित्व को बाधा पहुंचती है। जिसके बिना जीवन जीना असम्भव लगता है और जिसके निराकरण करने के लिए हम बाध्य होते हैं। जैसे आप बीमार होते हैं तो तुरन्त डॉक्टर के पास जाते हैं। यदि आप डॉक्टर के पास नहीं जाते हैं तो हो सकता है कि आपकी मृत्यु हो जाए। आप डॉक्टर के पास जाने के लिए बाध्य हैं। इसी तरह, आपको प्यास लगती है तो पानी की व्यवस्था करते हैं चाहे कहीं से भी करना पड़े। आपको भूख लगती है तो भोजन की व्यवस्था करते हैं। भोजन के रूप में चाहे अनाज हो, फल हो या जानवर का मांस हो। आप पानी और भोजन प्राप्ति के लिए कुछ भी कर सकते हैं, क्योंकि आपको पता है कि भोजन और पानी के बिना जिन्दा नहीं रह सकते। आपको चोरी करनी पड़े या फिर किसी जानवर की हत्या ही क्यों न करनी पड़े अथवा भीख ही क्यों न मांगनी पड़े। आप सब कुछ करते हैं, क्योंकि आप ऐसा करने के लिए बाध्य होते हैं। अर्थात जिनके बिना जीवन असंभव लगने लगे, वही समस्याएं वास्तव में समस्याएं होती हैं, बाकि सारी समस्याएं मनुष्य के अहंकार के कारण निर्मित होती हैं।

मेरा अनुभव है कि हम आवश्यकताओं के कारण परेशान नहीं रहते, बल्कि अपने अहंकार को पोषण देने के लिए लोभ से परेशान रहते हैं। जैसा कि आजकल प्रत्येक व्यक्ति मानता है कि जीवन जीने के लिए ढेर सारे पैसों की आवश्यकता होती है। यदि मान लिया जाए कि ठीक-ठाक जीवन के लिए एक लाख रुपये महीने आवश्यक हैं तो सिर्फ पांच हजार रुपए कमाने वाला परिवार कैसे जिन्दा रहता है? यदि बड़ा घर, कार, फ्रिज, कूलर, टीवी, एसी आदि आवश्यक ही हैं, तो इन सबके बिना लोग कैसे जिन्दा रहते हैं? और सच्चाई यह है कि जिनके पास ये सब चीज़ें होती है, वे ज्यादा दुखी और बीमार रहते हैं। जिनके पास ये सब वस्तुएं नहीं होतीं वे फिर भी कुछ हद तक खुश रहते हैं। सिद्धांत यह है कि जो जितना ही भौतिकता से भरा होगा, वह उतना ही दुखी और बीमार होगा, क्योंकि उसका अहंकार उतना ही बड़ा होगा। गरीब आदमी का अहंकार छोटा होता है, क्योंकि उसकी कामनाएं छोटी होती है। अमीर आदमी शारीरिक रूप से ज्यादा सुखी रहता है, लेकिन मानसिक रूप से उतना ही बीमार रहता है। तो निष्कर्ष यह निकलता है कि यदि समस्या है तो समाधान भी है और यदि समस्या का समाधान नहीं है तो वह समस्या के अन्तर्गत

नहीं आती। फिर वह विधि का विधान है, ईश्वर की लीला है। जैसे परिवार में किसी की मृत्यु हो जाना अथवा समय का बीत जाना। ये ऐसी घटनायें हैं जिनका हम समाधान नहीं कर सकते, क्योंकि ये मनुष्य के वश में नहीं हैं।

समाधान कौन लोग करते हैं?

दुनिया में तीन प्रकार के लोग होते हैं:-

(1) जो सिर्फ समस्या के बारे में बात करते हैं।

(2) जो समस्या और समाधान दोनों के बारे में बात करते हैं।

(3) जो सिर्फ समाधान के बारे में सोचते हैं और समाधान करते हैं।

ये जो पहले प्रकार के मनुष्य होते हैं, संसार में इनकी संख्या सबसे ज्यादा है। इनका ध्यान सिर्फ समस्या पर होता है। इन लोगों को सुबह उठने से लेकर रात सोते समय तक सिर्फ समस्याएं ही समस्याएं नजर आती हैं। फिर चाहे वह पारिवारिक समस्या हो, सामाजिक समस्या हो, देश-प्रदेश की राजनीतिक समस्या हो या फिर स्वयं की आर्थिक समस्या हो। ऐसे लोग सिर्फ और सिर्फ इकट्ठे होकर दिन भर समस्याओं के बारे में बातचीत करते हैं और दूसरों को जिम्मेंदार ठहराते हैं। इनका काम बस दूसरों को गाली देना रहता है। ये प्रत्येक व्यवस्था के खिलाफ खड़े नजर आएंगे, चाहे वह ईश्वर की ही व्यवस्था क्यों न हो। ये पूरी तरह अति समझदारी (superiority complex) के शिकार होते हैं। इन्हें स्वयं से बेहतर इंसान पूरी पृथ्वी में और कोई नजर नहीं आता। ये पूरी तरह से नाकारा, आलसी और निराशा से भरे हताश लोग होते हैं। इसी कारण इनका पूरा जीवन गरीबी, बेकारी और लाचारी में बीत जाता है। ऐसे लोग अमीरों को देखकर सिर्फ ईर्ष्या करते हैं और अपनी किस्मत को गाली देते हैं।

इन लोगों के साथ ऐसा इसलिए होता है, क्योंकि ये लोग अज्ञानता से भरे होते हैं। इनका दृष्टिकोण जीवन के प्रति पूरी तरह से नकारात्मक होता है, इसलिए इनको प्रत्येक व्यवस्था गलत नज़र आती है। ये अकर्मण्य प्रवृत्ति के होते हैं। इनका नजरिया अत्यन्त भाग्यवादी होता है। जो दूसरे प्रकार के व्यक्ति होते हैं, ये समस्या और समाधान दोनों की चर्चा करते हैं। लेकिन ध्यान रहे! ये सिर्फ चर्चा ही करते हैं,

कुछ करते नहीं। ये उपदेशक प्रवृत्ति के लोग होते हैं, क्योंकि ये अत्यन्त अहंकारी व्यक्तित्व के मालिक होते हैं। इनकी भी हालत पहले प्रकार के व्यक्तियों जैसी ही रहती है। लेकिन ये बातों के धनी होते हैं, ज्यादा तर्कनिष्ठ होते हैं, इसलिए ये समस्या के साथ-साथ समाधान की भी चर्चा करते हैं। इसलिए कभी-कभी कुछ न कुछ करते भी हैं। ये अच्छे सलाहकार होते हैं, लेकिन स्वयं पर अमल नहीं करते। क्योंकि ये आलसी और प्रमादी व्यक्तित्व के धनी होते हैं। ये लोग अपना काम दूसरों के माध्यम से निपटाने की कोशिश में रहते हैं।

इनके व्यक्तित्व का सबसे नकरात्मक पहलू यह होता हैं कि ये भयग्रस्त होते हैं। इसलिए कोई भी प्रयोग स्वयं पर नहीं करते। ये सब कुछ जानते हुए भी समस्या का समाधान नहीं कर पाते। क्योंकि इनके जीवन में आशा की कमी होती है। वहीं इनकी संगति में रहने वाले व्यक्ति कभी-कभी जीवन में अत्यधिक सफलता अर्जित करते हैं। लेकिन इनका स्वयं का जीवन बहुत सामान्य व्यतीत होता है।

अब हम तीसरे प्रकार के और सफल व्यक्तियों के बारे में बातचीत करते हैं। इनका प्रतिशत दुनिया में बहुत कम होता है। ये लोग समस्या के बारे में बातचीत ही नहीं करते। क्योंकि इनका मानना होता है कि एक बार समस्या के बारे में जानकारी हो जाने के बाद उसके बारे में बार-बार चर्चा करने से क्या फायदा? एक बार ही जान लेना काफी है। ये लोग सिर्फ समाधान के बारे में सोचते हैं। इनकी पूरी विचार शक्ति समस्या के समाधान के बारे में लगी रहती है। ये लोग हर प्रकार की समस्या का समाधान खोज लेते हैं। इनका स्वभाव मिलनसार और करुणापूर्ण होता है। ये हमेशा दूसरों से सीखने के लिए तैयार रहते हैं। ये पूर्णतः कर्मशील प्रवृति के होते हैं। ये लोग कर्म करने में विश्वास रखते हैं और फल, ईश्वर के भरोसे छोड़ देते हैं। संसार के किसी भी कोने में सफल व्यक्ति तीसरे प्रकार के व्यक्ति ही होते हैं।

अतः इस विचार मंथन से निष्कर्ष यह निकलता है कि जीवन में सफलता और आनंद के लिए हमें तीसरे प्रकार का व्यक्ति बनना होगा। जीवन का निर्माण सिर्फ सोचने से नहीं होता। जीवन की धारा, लगातार कर्म की धारा में बहने से प्रवाहित होती है।

सर्वे भवन्तु सुखिनः

यह उपनिषद का बड़ा ही प्रेमपूर्ण सूत्र है। इस सूत्र में धर्म की पूरी निष्पत्ति निहित है। इससे ज्यादा अर्थपूर्ण वक्तव्य पूरी मनुष्यता के लिए और कोई नहीं हो सकता। लेकिन यह व्यक्तिगत प्रयोग के लिए है। इस सूत्र को किसी कानून के द्वारा समूह के ऊपर लागू नहीं किया जा सकता। जैसे रूस में 1917 की क्रांति के बाद साम्यवाद व्यवस्था लागू करने की कोशिश की गई, लेकिन पूरी तरह विफल रही। आज रूस में साम्यवादियों जैसी कोई चीज नहीं है। साम्यवादिता की भावना तो व्यक्ति के आंतरिक हृदय में पैदा होनी चाहिए। साम्यवादिता मस्तिष्क के द्वारा नहीं पैदा की जा सकती। हाँ! मस्तिष्क के द्वारा प्यास अवश्य पैदा की जा सकती है। लेकिन मनुष्य ऐसी प्यास का स्वाद चखना ही नहीं चाहता। क्योंकि ऐसी प्यास में मनुष्य को कष्ट ज्यादा दिखाई देता है। और कोई भी मनुष्य जीवन में कष्ट उठाना नहीं चाहता। जबकि इस कष्ट के द्वारा ही जीवन में आनंद के फूल खिलते हैं।

दरअसल, जीवन हमेशा विरोधाभाषी होता है। जीवन में विपरीत साथ-साथ चलता है। जहां-जहां हमें दुख ही दुख दिखाई देता है, वहां कुछ बातों का सुख भी होता है और जहां हमें सुख ही सुख दिखाई देता है, वहां कुछ चीज़ों का दुख भी होता है, बल्कि ऐसा भी हो सकता है कि सुख के स्थान पर दुख के अतिरिक्त कुछ भी हाथ न लगे। जीवन में अक्सर ऐसा ही होता है।

इस सूत्र में यही बात है। जब हम सभी की खुशियों और आकांक्षाओं का ध्यान रखेगें तो निश्चित ही हमें कुछ निजी स्वार्थों का परित्याग करना पड़ेगा। क्योंकि जीवन में त्याग के बिना कुछ मिलता नहीं। यह जीवन का अनिवार्य सिद्धान्त है और हम यहीं चूक जाते हैं। हम सब कुछ दिए बिना ही सब कुछ पा लेना चाहते हैं, जो असंभव है। यदि आप सुख चाहते हैं तो आपको सुख देना भी होगा अर्थात कुछ निजी स्वार्थी का परित्याग करना ही पड़ेगा।

लेकिन यदि आप कुछ खोने के लिए भी तैयार नहीं हैं तो कम से कम अपना नजरिया तो अवश्य बदल सकते हैं। आप अपने विचारों के द्वारा खुद को पवित्र बना सकते हैं। आप कहेंगे कि ऐसा करने से क्या लाभ? ऐसा करने से ज्यादा कुछ

लाभ नहीं होगा, लेकिन आपके भीतर घृणा, द्वेष और ईर्ष्या अवश्य कम हो जाएगी। आपके भीतर थोड़ा अंहकार अवश्य कम होगा। और जब अहंकार कम होगा, तब आप स्वयं ही आनंद महसूस करेंगे। क्योंकि अहंकार ही समस्त दुखों का मूल कारण है।

हम दुखी ही सिर्फ इसी कारण होते हैं कि मैं आनंद में रहूँ और दूसरा दुखी रहे। आखिर दूसरा सुखी क्यों है? हमारा अहंकार दूसरे को सुखी देखना ही नहीं चाहता। इसलिए हम सब पूरे जीवन भर दूसरों का अधिकार छीनते रहते हैं। हालांकि ऐसा करने से हम स्वयं को आनंदित महसूस करते हैं, लेकिन वास्तव में ऐसा है नहीं। दरसअल, हम ऐसा इसलिए महसूस करते हैं, क्योंकि हमारा सुख नकारात्मक है। जब किसी व्यक्ति का नजरिया नकरात्मक होता है, तो उसे नकरात्मक चीज़ों में भी आनंद महसूस होता है।

क्या हम इस सूत्र के आधार पर जीवन नहीं जी सकते?

बिल्कुल जी सकते हैं, लेकिन ऐसा जीवन जीने के लिए कुछ और सिद्धांतों को स्वीकार करना होगा। पहला– दूसरों के अधिकारों को छीनने से बचना होगा। देखा जाए तो हम सब जीवन भर स्वयं के सुख के लिए दूसरों का सुख छीनते रहते हैं। अपने शारीरिक आनंद के लिए दूसरों का दैहिक शोषण करते हैं, फिर चाहे वह कोई स्त्री हो या पुरुष। दोनों शोषण विभिन्न तरीकों से करते हैं। एक स्त्री का शोषण पत्नी के रूप में, नौकरानी के रूप में, सहकर्मी के रूप में अथवा किसी न किसी रूप में अवश्य करते हैं। फिर चाहें शोषण शारीरिक सम्बन्ध का हो, आर्थिक दृष्टि से हो अथवा मनोवैज्ञानिक तरीके का हो। प्रत्येक पुरुष किसी न किसी ढंग से स्त्री का शोषण अवश्य करता है।

ऐसे ही पुरुष के शोषण के अनेक प्रकार हैं। चाहे वह समलैंगिंग सेक्स का मामला हो, बंधुआ मजदूरी हो अथवा अपमान करना हो। ये सभी प्रकार के शोषण करना, किसी भी व्यक्ति का अधिकार नहीं है। दुनिया के किसी भी कानून में ऐसे कार्यों को अधिकार नहीं माना गया है। फिर भी दुनिया का प्रत्येक व्यक्ति इन कार्यों को करना अपना अधिकार समझता है। संसार का प्रत्येक व्यक्ति स्वयं से कमजोर व्यक्ति के

साथ इन शोषणों को करने की भरपूर चेष्टा करता है। फिर चाहे कमजोरी शारीरिक हो, आर्थिक हो, मानसिक हो अथवा सामाजिक हो। हम सब किसी न किसी रूप में दूसरों का शोषण करते हैं, जो अत्यन्त अमानवीय कृत्य है।

दूसरा हमें अपने कर्त्तव्यों के प्रति ईमानदार होना पड़ेगा। चाहे हमारा घर हो, ऑफिस हो अथवा पड़ोस हो। जब तक हम अपने कर्त्तव्यों के प्रति ईमानदार नहीं होंगे, तब तक इस सूत्र का कोई महत्व नहीं है। क्योंकि इस सूत्र का अर्थ ही यह है कि हम कुछ ऐसा करें, जिससे सभी लोग सुखी होवें, सिर्फ सोचने से काम नहीं चलेगा। हाँ! सिर्फ सोचने से हम स्वयं को सुखी अवश्य महसूस कर सकते हैं, लेकिन वास्तव में होते नहीं। दूसरों को सुख देने के लिए हमें कुछ करना होगा। एक मनुष्य को क्या कर्तव्य करने चाहिए? हमें दूसरों को प्रेम देना होगा। दूसरों के हित के लिए कुछ कष्ट उठाने होंगे। हमेशा स्वयं से कमजोर व्यक्ति की मदद के लिए तत्पर रहना होगा। अपने जीवन का अमूल्य समय और धन का कुछ हिस्सा पडोस, समाज और राष्ट्र के लिए अर्पण करना होगा, तब कहीं जाकर हम सबके सुख की कामना कर सकते हैं। और इस अर्थपूर्ण सूत्र के अनुसार जीवन जीते हुए आनंद को उपलब्ध हो सकते हैं, इसके पहले बिल्कुल नहीं।

❑

पारिवारिक संतुलन

परिवार मनुष्य की प्रथम पाठशाला है

समाजशास्त्र के द्वारा परिवार के लिए दी गई यह परिभाषा मानव जीवन के लिए पूरी तरह सटीक बैठती है। वास्तव में मनुष्य बचपन में जो भी कुछ सीखता है, उसकी छाया उसके सम्पूर्ण जीवन पर रहती है, जिसे हम संस्कार कहते हैं। हमारे जीवन में जो भी अच्छी या बुरी आदतें जन्म लेती हैं, उनका कहीं न कहीं हमारे बचपन से संबंध रहता है।

यह अलग बात है कि बच्चा युवा होते-होते बहुत सी अच्छी या बुरी आदतों का आदी हो जाता है। लेकिन माता-पिता के द्वारा जो भी अच्छी बातें सिखाई जाती हैं उनका असर बच्चे के जीवन में अवश्य होता है। इसलिए माता-पिता को अपने बच्चों के बचपन पर विशेष ध्यान देना चाहिए।

अब ध्यान देने योग्य बात यह है कि क्या हम उन बातों का पालन करते हैं जो अपने बच्चों को सिखा रहे होते हैं? वास्तव में ऐसा नहीं होता। बहुत कम लोग यह नियम लागू कर पाते हैं।

यह अत्यन्त विचारणीय तथ्य है कि जब हम स्वयं जिस नियम या विचार को अपने जीवन में नहीं ढ़ाल पाते हैं, उसे हमारा बच्चा कैसे स्वीकार कर लेगा? लेकिन हम सब बहुत चालाक हैं। हम अपनी गलतियों और कमियों का कोई न कोई तर्क अवश्य ढूंढ लेते हैं। यह दुनिया की सबसे बड़ी समस्या है।

यदि कोई व्यक्ति शराब पीता है तो वह तर्क के द्वारा यह सिद्ध कर देता है कि वह

ठीक कर रहा है। लेकिन ऐसे व्यक्ति का जवान बेटा जब शराब पीना शुरू कर देता है, तो यही व्यक्ति अपने तर्कों द्वारा यह सिद्ध करने की कोशिश करता है कि शराब पीना गलत बात है। इससे यह सिद्ध होता है कि हम जो करतें हैं उसे ठीक मानते हैं, भले चाहे वह गलत ही क्यों न हो। लेकिन उसी काम को जब हमारी आने वाली पीढ़ी करती है तो हम उसे गलत मानते हैं। हमारी पीढ़ी का दोहरा चरित्र हमारे जीवन में सभी प्रकार की समस्याओं का जन्मदाता होता है।

दुनिया में बहुत कम माता-पिता होंगे जो अपने बच्चों को अच्छा जीवन नहीं देना चाहते, लगभग न के बराबर। प्रत्येक व्यक्ति यह चाहता है कि हमारे बच्चे सुखी रहें, स्वस्थ रहें। लेकिन सवाल यह उठता है कि क्या ये चाहतें काफी हैं?

हम अपनी चाहतों को हासिल करने के लिए क्या बलिदान करते हैं? यह सवाल सभी को स्वयं से करना चाहिए।

1. **क्या हम अपनी बुरी आदतों को छोड़ पाते हैं?**
2. **क्या हम गलत जीवनशैली में बदलाव कर पाते हैं?**
3. **क्या हम अपने विचारों को समयानुसार बदल पाते हैं?**
4. **क्या हम अपने घर-परिवार में खुशनुमा वातावरण पैदा कर पाते हैं?**
5. **क्या हम अपने अहंकार से मुक्त हो पाते हैं?**

जब आप इन सभी सवालों का जबाब स्वयं से मागेंगे तो आपके अन्दर से जवाब आएगा, नहीं। मनुष्य की सबसे बड़ी बीमारी ही यही है कि वह सारे संसार को बदल देना चाहता है, सिर्फ स्वयं को छोड़कर।

इसलिए अचार्य श्रीराम शर्मा जी का नारा है कि 'हम सुधरेंगे, जग सुधरेगा'। लेकिन हम इससे सहमत नहीं हो पाते। हम बीज बबूल का बोते हैं और चाहते हैं कि फल आम का मिले। लेकिन ऐसा कभी नहीं होता।

दरअसल, मनुष्य अंहकार से लबालब भरा होता है। वह यह कभी स्वीकार ही नहीं करता कि उसमें भी कमियां हो सकती हैं। तभी तो प्रत्येक माता-पिता को अपने बच्चों से शिकायत रहती है। माँ-बाप यह कभी नहीं स्वीकार करते कि बच्चों की बुरी आदतों में हमारा ही योगदान होता है।

आज की युवा पीढ़ी के ऊपर कई तरह के सवाल के किए जाते हैं। अक्सर बुज़ुर्गों

के मुंह से यह सुनने को मिलता है कि आजकल के बच्चे बिगड़ गए हैं। आज की युवा पीढ़ी शराबी हो गई है, धूम्रपान करते हैं। मैं पूँछता हूँ क्या आज से तीस-चालीस साल पहले हमारे देश में यह सब कुछ नहीं होता था अथवा क्या दुनिया में नहीं था? आखिर आज की पीढ़ी में यह सब कुछ स्वयं तो पैदा नहीं हो गया। इन सभी की पैदाइश का कारण पिछली पीढ़ी ही तो है।

हाँ! यह अलग बात है कि आजकल यह सब कुछ आम हो गया है। इसका कारण सिर्फ इतना है कि आज हमारे देश की आर्थिक स्थिति चालीस साल पहले से ज्यादा सुदृढ़ हो गई है। लोगों की जेब में पैसा आ गया है, इसलिए इन सभी चीज़ों को अपनाने वाले ज्यादा हो गए हैं।

जैसा कि हम सभी ने सुन रखा है कि हमारे जीवन का असर सात पीढ़ियों तक पड़ता है। आज की वैज्ञानिक धारणा भी इस तथ्य को सत्यापित करती है कि D.N.A. का प्रभाव कई पीढ़ियों तक रहता है।

यह बात लोगों को अतिशयोक्ति लगेगी, लेकिन यह तो मानना ही पड़ेगा कि हमारी जीवनशैली का असर दो पीढ़ियों पर प्रत्यक्ष रूप से पड़ता है। पहला स्वयं के बच्चों पर और दूसरा बच्चों के बच्चे पर अर्थात पोते पर। कभी-कभी यह प्रत्यक्ष रूप से देखने को मिलता है कि किसी व्यक्ति के जीवन का असर बच्चे में न होकर पोते पर पड़ता है। हमारे विचारों की छाया दो पीढ़ियो तक अत्यधिक प्रभाव डालती है। इसलिए हमें जीवन में फूंक-फूंक कर कदम रखना चाहिए।

हमें ऐसे कर्मों से बचना होगा कि जिससे कल को पछताना न पड़े, क्योंकि पश्चाताप की अग्नि मनुष्य को जीवन भर जलाती है। हमें यह बात तब तक समझ में नहीं आती, जब तक कि हम परिणाम स्वयं नहीं देख लेते। हमें ऐसी स्थिति से बचने के लिऐ दूरदर्शी होने की आवश्यकता होती है। अपने परिवार के भविष्य को संवारनें के लिए सबसे पहले स्वयं के वर्तमान को सवारना होगा।

शायद बहुत लोगों को यह भी पता नहीं होता कि हम जैसे सुनते हैं, वैसा बोलते हैं और जैसा देखते हैं, वैसा करने की कोशिश करते हैं। ठीक यही सिद्धांत छोटे बच्चे पर भी काम करता है। इस सिद्धांत को लगभग सभी लोगों ने अपने बच्चे पर आज़माया भी होगा। एक छोटा बच्चा शुरू-शुरू में जब बोलना प्रारंभ करता है तो

आपने देखा होगा कि आप जो शब्द बच्चे के कान में बार-बार दोहराते हैं, बच्चा उसी शब्द को बोलने का प्रयास करता है। ठीक इसी प्रकार छोटा बच्चा अपने घर के सदस्यों को जो क्रिया-कलाप करते हुए देखता है, वह भी उसी तरह की प्रतिक्रिया व्यक्त करने की कोशिश करता है।

एक बार मेरे एक मित्र अपने चार साल के बेटे के सामने सिगरेट पी रहे थे। थोड़ी देर बाद बच्चा भी जिद करने लगा कि पापा मैं भी सिगरेट पिउंगा। हम दोनों ने बच्चे को बहुत समझाया, लेकिन वह सिगरेट न पाकर रोने लगा। उस दिन के बाद मेरे मित्र ने यह निश्चय किया कि अब दोबारा बेटे के सामने सिगरेट कभी नहीं पियुंगा।

यह तो एक छोटा सा उदाहरण था। आपके जीवन में भी इस तरह के कई सारे अनुभव हुए होंगे। कई बच्चे छोटी उम्र में ही गालियां देना सीख जाते हैं, यह उनकी गलती नहीं होती। बच्चा जो भी अपने घर या अपने पड़ोस में सुनेगा, वह वही तो बोलेगा। अब छोटे बच्चे को यह बात थोड़े न पता होती है कि गाली देना गलत बात है। वह तो जैसा सुनता है, वैसा बोलने की कोशिश करता है।

तात्पर्य यह है कि यदि हम चाहते हैं कि हमारा घर-परिवार सुखी रहे तो हमें स्वयं में नियंत्रण रखना होगा। आने वाली पीढ़ी को घर में अच्छा वातावरण देना होगा। क्योंकि यह तो मानना ही होगा कि एक छोटा सा बीज ही बहुत बड़े पेड़ को जन्म देता है। बचपन की छोटी-छोटी बुरी आदतें ही एक दिन जवान व्यक्ति को गलत रास्ते में जिन्दगी जीने को मजबूर कर देती हैं।

यहाँ पर मैं अनुवांशिकता के सिद्धांत को नकार नहीं रहा हूँ। अनुवांशिकता का अपना प्रभाव अवश्य होता है। लेकिन विश्व स्वाथ्य संगठन (WHO) के आंकड़े बताते हैं कि एक छोटे बच्चे के चरित्र निर्माण पर माता-पिता के रहन-सहन, घर-परिवार का वातावरण और पड़ोस के माहौल का प्रभाव अनुवांशिकता के प्रभाव से कई गुना ज्यादा असरदायक होता है। इसलिए हमें यह मानना ही होगा कि परिवार ही मनुष्य की प्रथम पाठशाला होती है।

मुखिया मुख सो चाहिए

हमारे घर-परिवार के मुखिया को किस प्रकार होना चाहिए, इस तथ्य को

तुलसीदासजी ने अपने एक दोहे के माध्यम से बहुत ही अर्थपूर्ण तरीके से समझाया है। वो कहते हैं कि:-

मुखिया मुख सो चाहिए, खान पान को एक।
पालै पोसै सकल अंग, तुलसी सहित विवेक।।

तुलसीदास जी का आशय है कि जैसे शरीर में मुख द्वारा भोजन ग्रहण किया जाता है और वह भोजन पूरे शरीर के प्रत्यक अंग को पोषण देता है, फिर चाहे वह अंग बड़ा हो, छोटा हो, कमज़ोर हो या मजबूत हो, भोजन को वह पूरी इमानदारी और निष्ठा के साथ सभी को समान रूप से पहुंचाता है। उसी प्रकार परिवार के मुखिया को भी मुख को ध्यान में रखते हुए अपने परिवार के प्रति जिम्मेंदारी निभाने की कोशिश करनी चाहिए।

यदि घर में दो बेटे अथवा दो बेटियां है या चार बच्चे हैं तो उनमें से प्रत्येक बच्चा एक-दूसरे के जैसा बिल्कुल नहीं हो सकता, यह ध्यान देने योग्य बात है।

ऐसा इसलिए है, क्योंकि प्रकृति के कुछ अपने नियम हैं। प्रकृति कभी किसी चीज को दोहराती नहीं है। इसलिए निश्चित रूप से दो बच्चों या चार बच्चों में कोई ज्यादा सुन्दर होगा, कोई कम सुन्दर होगा। कोई मानसिक रूप से ज्यादा योग्य तो कोई कम होगा, कोई स्वभावगत ज्यादा आज्ञाकारी होगा तो कोई कम होगा। यह विविधता निश्चित रूप से रहेगी ही, क्योंकि यह ईश्वर की माया है, इसमें मनुष्य कुछ भी नहीं कर सकता।

लेकिन अक्सर देखने को यह मिलता है कि जो बच्चा पढ़ाई में ज्यादा होशियार रहता है अथवा ज्यादा आज्ञाकारी होता है, उसकी हर अच्छाई-बुराई पर ध्यान दिया जाता है। उसके खाने, पहनने, रहन-सहन का पूरा-पूरा ध्यान दिया जाता है। उसकी बुराई में भी हमें अच्छाई नजर आती है।

वहीं जो बच्चा पढ़ाई में कमजोर होता है अथवा खेलकूद में मस्त रहता है, उसके साथ स्थिति बिल्कुल उल्टी होती है। हम उसकी उपेक्षा करते हैं, बात-बात में ताने देते हैं। जिसका परिणाम यह होता है कि बच्चा जन्म से ही कुंठा का शिकार हो जाता है।

यह सब कुछ घर के बड़े-बुजुर्गों के द्वारा बचपन से ही किया जाता है जिससे

बच्चे के कोमल मस्तिष्क के अवचेतन मन में ये बातें एकत्रित होती रहती हैं, और धीरे-धीरे घर के बड़े-बुजुर्गों के प्रति नफरत बढ़ती जाती है। आगे चलकर जवानी तक आते-आते बृहद रूप धारण कर लेती हैं।

इसका परिणाम यह होता है कि बच्चा जवान होने के बाद बागी जैसा व्यवहार करने लगता है। तब माँ-बाप को लगता है कि हमारा बेटा हमारी आज्ञा का पालन नहीं करता अथवा उचित सम्मान नहीं करता, वह द्वेषपूर्ण व्यवहार करता है।

नोटः- जब इन सभी बातों का निष्पक्ष रूप से विश्लेषण किया जाएगा तो यही निष्कर्ष निकलेगा कि हम जो बोते हैं, वही फसल काटने को मिलती है।

इसलिए तुलसीदास जी ने मुखिया को मुख के समान बनने की नसीहत दी है। आपने देखा होगा कि हम सब अपने दोनों हाथ होने के बावजूद एक हाथ से ज्यादा काम लेते हैं। दूसरे हाथ का उपयोग लगभग न के बराबर होता है, लेकिन हमारे मुख के द्वारा लिए गए भोजन से जो खून तैयार होता है वह दोनों हाथों में बराबर जाता है।

कभी-कभी यह भी देखने को मिलता है कि किसी व्यक्ति का हाथ या पैर किसी दुर्घटनावश कट भी जाता है जिसके द्वारा कोई काम नहीं लिया जा सकता, फिर भी कटे हुए अंग में खून का संचार बराबर होता रहता है। मुख, पूर्ण अंग और अपूर्ण अंग के बीच कोई भेदभाव नहीं करता।

कभी-कभी यह देखने को भी मिलता है कि जिस बेटे के विवाह में बहू ज्यादा दहेज लेकर आती है वह घर में देवी की तरह पूजी जाती है। वहीं अन्य बहुओं की उपेक्षा की जाती है। जो जितनी ही लक्ष्मी लेकर घर में प्रवेश करती है, उसको उसी अनुपात में प्रेम व उपेक्षा मिलती है। धीरे-धीरे परिवार में यह क्रम चलता रहता है, जिसके कारण परिवार में बिखराव व असंतुलन फैलता चला जाता है। रोज-रोज लड़ाई झगड़े होने लगते हैं। कभी-कभी घर में बड़ी घटनाएं भी घट जाती हैं और घर का सारा सुख-चैन छिन जाता है।

हमें जब तक अपनी गलती का एहसास होता है तब तक बहुत देर हो चुकी होती है, सब कुछ खत्म हो चुका होता है। यह बात तो उन परिवारों की है जहाँ पर एक से ज्यादा बेटे होते हैं।

अब हम उन परिवारों की चर्चा करते हैं जहां पर एक बेटा और एक बेटी होती

है। ऐसे परिवारों में लड़की और लड़के को लेकर ही असमानता बनी रहती है। यहाँ लड़की पैदा होते ही बोझ मान लिया जाता है, क्योंकि उसके विवाह में धन खर्च करना पड़ता है। वहीं लड़के के विवाह में धन उल्टा घर में बरसता है। पहली असमानता पैदा होते ही शुरू हो जाती है।

लड़की की शिक्षा में भी लड़के की अपेक्षा बहुत ज्यादा फर्क देखने को मिलता है। हालांकि शहरों में यह फर्क बहुत कम देखने को मिलता है, लेकिन गाँवों में आज भी बरकरार है।

घर में लड़का छोटी-बड़ी कैसी भी गलती कर जाए, उसे अनदेखा कर दिया जाता है। वहीं लड़की से कैसी भी छोटी गलती हो जाए, पूरा घर आसमान उठा लेता है।

इसी असमानता का भाव देखते हुए तुलसीदास जी ने मुखिया को मुख जैसे बनने की सलाह दी है।

नोटः- शरीर की इस प्रक्रिया से हमें सीख लेनी चाहिए।

लेकिन प्रायः यह देखने को मिलता है कि जो बेटा माँ-बाप को ज्यादा पैसा देता है, माँ-बाप उसकी ही पूछ-परख करते हैं। उसकी आवभगत मेहमानों जैसे करते हैं।

वहीं दूसरा बेटा किसी कारणवश छोटी नौकरी करता है और बड़ी मुश्किल से अपने परिवार का भरण पोषण कर पाता है। जिसके कारण वह माँ-बाप की आर्थिक सहायता करने की स्थिति में नहीं रहता। इसका परिणाम यह होता है कि उसे अपने ही माँ-बाप द्वारा कोई प्यार-सम्मान नहीं मिलता। उसे और उसके परिवार को उपेक्षा ही झेलनी पड़ती है।

जबकि बड़ी सामान्य सी बात है कि दो व्यक्तियों की स्थितियाँ एक जैसी नहीं हो सकतीं। इतनी छोटी सी बात बुजुर्गों को समझ में नहीं आती।

यही हाल घर की महिला मुखिया अर्थात बहुओं की सास का रहता है। यह रिश्ता तो और भी दो दुश्मनों के जैसा रहता है। जिस घर में दो या दो से अधिक बहुएं होती हैं उस घर की सास का रवैया प्रत्येक बहू के प्रति अलग-अलग रहता है। सास का बहुओं के प्रति व्यवहार बेटों की आर्थिक स्थिति के आधार पर ही होता है।

जो बेटा माँ को ज्यादा आर्थिक सहायता देने में सक्षम होता है, घर में उसी बेटे

की पत्नी को ज्यादा प्यार, इज्जत और सम्मान दिया जाता है। और जिन बेटों के द्वारा माँ-बाप का स्वार्थ सिद्ध नहीं होता, उनकी पत्नियों की स्थिति बड़ी ही दयनीय रहती है। जबकि मानवता की दृष्टि से ऐसा नहीं होना चाहिए।

नोटः- यह बात लड़का और लड़की के प्रेम संबंधों पर विशेष तौर से लागू होती है।

इन सभी घटनाओं का लड़की के मस्तिष्क पर बुरा प्रभाव पड़ता है। लड़की शुरू से ही अपने घर में स्वयं को पराया महसूस करने लगती है। और बचपन से ही उसे यह कहा जाता है कि लड़की तो पराया धन होती है।

कभी-कभी यह भी देखने को मिलता है कि किसी कारणवश हम किसी लड़के या लड़की को ज्यादा तरजीह देते हैं, तो उसका बुरा असर भी पड़ता हैं। कुछ बच्चे शराब, जुएं और कई तरह के व्यसनों में लिप्त हो जाते हैं। जिस बच्चे को पॉकेटमनी कम मिलती है, वह चोरी भी करने लगता है। चोरी के साथ और कई तरह के गलत कर्मों में लिप्त हो जाता है। कभी-कभी बात पुलिस तक भी पहुँच जाती है। जिसके कारण उसका जीवन नरक बन जाता है।

इन सभी बातों का निष्कर्ष यह निकलता है कि हम सब अपने निजी स्वार्थों को सिद्ध करने के लिए शुरू से ही घर में ऐसा माहौल तैयार करते हैं कि जिसके कारण घर में दुख, कलह और अशांति का जन्म होता है और जीवन सुखमय होने के बजाय दुखमय होता चला जाता है।

अब लड़की के पालन पोषण में जो भिन्नता हम पैदा करते हैं उसका कारण यह होता है कि लड़की विवाह के बाद अपने घर चली जाएगी। उससे हमारे लोभ और अहंकार की पूर्ति नहीं हो पाएगी। वहीं लड़का हमारी वंश परम्परा को आगे बढाएगा। कल घर में बहू आएगी, जो हमारी सेवा-सत्कार करेगी, ढेर सारा दहेज भी लाएगी। इन्हीं सब बातों को ध्यान में रखते हुए लड़के का पालन-पोषण बचपन से ही अलग ढंग का होता है।

दरअसल, प्रत्येक व्यक्ति लोभ और अहंकार से इस कदर ग्रसित हैं कि उसे भले और बुरे का ज्ञान विस्मित हो जाता है। अपने अस्तित्व के खो जाने के भय से वह सब कुछ करता है, जो नहीं करना चाहिए।

अपने ही बच्चों के प्रति असमानता का भाव रखना, इन्हीं कारणों का परिणाम है। हम हर उस व्यक्ति को जीवन में प्राथमिकता देते हैं जो हमारे लोभ और अहंकार को पाोषित करने में सहायता करता है। यह रोग अत्यन्त सूक्ष्म होता है, इसलिए स्वयं को भी दिखाई नहीं पड़ता। जबकि ज्ञानी लोग इसे भली भाँति समझते हैं।

इसलिए तुलसीदास जी मनुष्य को सलाह देते हुए कहते हैं कि मुखिया को मुख के समान समानता का व्यवहार करना चाहिए, जिससे परिवार में असंतुलन की स्थिति पैदा न हो। चाहे परिवार के कुछ सदस्य मुखिया के प्रति असमानता का व्यवहार भले ही करें, लेकिन मुखिया को अपने कर्तव्यपथ से विमुख नहीं होना चाहिए। यही मुखिया का धर्म है।

बड़े होने का अनुचित दबाव न डालें

हम सभी लोग कभी न कभी अपने परिवार के बड़े बुजुर्गों के द्वारा दबाव महसूस करते हैं। परिवार का प्रत्येक छोटा सदस्य अपने ऊपर बेवजह अनुचित दबाव महसूस करता है, जिसका वह अधिकारी नहीं होता। हमारे बच्चे भी अपने ऊपर दबाव तथा खुद को उपेक्षित महसूस करते हैं। जबकि हमारा ऐसा कोई उद्देश्य नहीं होता, फिर भी हमारे नित्य जीवन में ऐसा होता रहता है।

अब सवाल यह पैदा होता है कि ऐसा क्यों होता है?

जहां तक मुझे समझ में आता है कि इसका सामान्य कारण हमारी पुरानी आदतें हैं। हमें जो मिलता है, हम भी वही दूसरों को देने की कोशिश करते हैं। हमें जो अपने बुजुर्गों से मिलता है, हम वही अपने बच्चों को बाँटते चले जाते हैं। हम जरा भी बदलने की कोशिश नहीं करते।

दरअसल, इसके पीछे एक मनोवैज्ञानिक कारण काम करता है। हम जैसा खुद के लिए सोचते हैं कि हमारे लिए ऐसा ही बेहतर है, ठीक वैसे ही हम दूसरों के लिए भी सोचते हैं। हम सारी दुनिया को एक ही रंग के चश्में से देखने की कोशिश करते हैं। जबकि दुनिया बहुरंगी है, अनेक प्रकार के रंगों से सजी है।

दुनिया का प्रत्येक व्यक्ति अपने आप में अनूठा होता है। जो चीज हमारे लिए

बेहतर हो सकती है, वही दूसरे के लिए हानिकारक हो सकती है, ज्यादातर यही स्थिति लागू होती है। लेकिन इस संसार की बड़ी ही विचित्र स्थिति है। प्रत्येक व्यक्ति अपने आप को दुनिया का सबसे बुद्धिमान प्राणी मानता है, तभी तो प्रत्येक व्यक्ति अपने विचारों को दूसरों पर थोपने की नाकाम कोशिश सारी जिन्दगी करता रहता है। कोई यह मानने के लिए तैयार ही नहीं है कि जो हमारे लिए अच्छा है वह दूसरों के लिए अच्छा नहीं हो सकता।

मुझे लगता है कि संसार के अधिकतर घरों में यही समस्या रहती है। हम सब अपने छोटों से वही करवाने की कोशिश करते हैं,जो हम चाहते हैं और जैसा चाहते हैं। और यदि नहीं करते तो जबरदस्ती कोशिश करते हैं, फिर चाहे वह उचित हो या नहीं।

हमें ऐसी स्थिति से बचने की कोशिश करनी चाहिए। क्योंकि यह समस्या कभी-कभी इतनी विकराल हो जाती है कि पूरी स्थिति ही बदल जाती है। हम अपने बच्चे से जो करवाना चाहते हैं, जैसा करवाना चाहते हैं, वह बिल्कुल उसका उल्टा करना शुरू कर देता है। इसका कारण यह होता है कि बच्चा स्वयं को उपेक्षित महसूस करता है, जिसके चलते वह पूरी तरह से नकारात्मक सोच को अपनाने लगता है।

हालांकि कोई भी माँ-बाप अपने बच्चे के लिए बुरा नहीं सोचते, फिर भी वक्त के बदलाव का प्रभाव तो रहता ही है। एक पिता और पुत्र के बीच लगभग पच्चीस से तीस साल का अन्तर तो रहता ही है, इसलिए हमारी और बच्चे की सोच में जमीन-आसमान का अंतर होगा। हमारी सोच तीस साल पुरानी होगी। इतने समय में दुनिया का ढंग बिल्कुल नया हो जाता है।

ऐसे ही एक दादा और पोते में लगभग साठ साल का अंतर होता है। इतने वर्षों में दुनिया पूरी तरह बदल जाती है, जीने का पूरा ढंग बदल जाता है। लेकिन अधिकतर घरों में देखने को मिलता है कि दादा ही पोते को मार्गदर्शन दे रहे हैं। उसे अपने ढ़ंग से जीने के लिए मजबूर कर रहे हैं, फिर चाहे वह पोते के लिए ठीक हो या नहीं।

दरअसल, इसका कारण यह होता है कि मनुष्य जितना बूढ़ा होता जाता है, उसी अनुपात में वह अहंकारी होता जाता है। बूढ़े व्यक्ति को अपने जीवन के अनुभवों के बारे में बखान करने की बुरी आदत होती है। बूढ़े व्यक्ति को लगता है कि संसार भर में

उससे ज्यादा बुद्धिमान व्यक्ति और कोई नहीं है, जबकि वह वर्तमान जीवन के बारे में कुछ नहीं जानता। उसके पास सिर्फ अतीत का कचरा संग्रहित होता है, फिर भी वह कचरे को ही ज्ञान समझता है। इसी समझदारी के कारण ही घर में पिता-पुत्र, सास-बहू और दादा-पोते के बीच में कलह पैदा होती है।

इस समस्या से बचने के लिए बड़े-बुजुर्गों को अपनी सोच बदलनी होगी। हमारी यह कोशिश होनी चाहिए कि परिवार का कोई सदस्य उपेक्षित महसूस न करे। हमें सभी के विचारों का सम्मान करना चाहिए।

यदि किसी क्षेत्र में हमारी जानकारी नहीं है तो उसे स्वीकार करना चाहिए और बेमतलब उसमें अपनी राय नहीं देनी चाहिए तथा अपनी बात मनवाने वाली आदत को बदलने की कोशिश करनी चाहिए।

हालांकि कोई भी आदत जल्दी नहीं बदल पाती, लेकिन कोशिश करने से हर चीज संसार में संभव हो जाती है। हमें हर संभव यह प्रयास करना होगा कि हमारे परिवार का प्रत्येक व्यक्ति खुश हो, आनन्दित हो। फिर चाहे वह छोटा हो अथवा बड़ा हो, स्त्री हो या पुरुष हो। इस धारणा के तहत ही हम अपने जीवन को आनंदित बना सकते हैं। क्योंकि आनंद ही जीवन है, आनंद ही ईश्वर है।

लड़का-लड़की की अवधारणा से मुक्त हों

कहने के लिए तो हम आज इक्कीसवीं सदी में जी रहे हैं, लेकिन हमारी धारणाएं और मान्यताएं उन्नीसवीं सदी जैसी है। कम से कम हमारे देश में तो यही स्थिति है।

आज भी हमारे देश में लड़की के नाम पर लाखों भ्रूण हत्याएं हर साल होती हैं। हमारे देश में आज भी यह मान्यता है कि वंश परम्परा के लिए लड़का पैदा होना अनिवार्य है। और रही-सही कसर दहेज जैसी कुरीति पूरा कर देती है। इससे विकराल स्वार्थ का उदाहरण भला क्या हो सकता है?

हमारे देश और दुनिया के अधिकतर देशों में परम्परा है कि लड़की विवाह के पश्चात अपने ससुराल में ही जीवन व्यतीत करती है। तो कह सकते हैं कि हम अपने बुढ़ापे के सहारे के लिए लड़का पैदा करना चाहते हैं। वंश परम्परा की बातें तो फिजूल की हैं। यह तो अपने कुकर्मों को छुपाने का बहाना मात्र है।

लेकिन आज स्थिति बिल्कुल उलट गई है। आज लड़का पढ़-लिखकर अपनी जीविका के लिए नौकरी या व्यवसाय करने के उद्देश्य से युवावस्था में ही घर से दूर चला जाता है। कुछ दिन बाद उसका विवाह हो जाता है और वह अपनी पत्नी को साथ ले जाकर अपनी जिन्दगी जीना शुरू कर देता है।

आज हमारे देश के अधिकतर परिवारों की यही कहानी है। अब ऐसी स्थिति में माँ-बाप को बुढ़ापे के सहारे के लिए लड़का पैदा करना कहाँ तक लाजिमी है? इस तथ्य पर हमें पुर्नविचार करने की आवश्कता है।

यदि देखा जाए तो चार पांच दशक पहले, जब देश में शिक्षा का भरपूर विकास नहीं हो पाया था, नौकरियां बहुत कम होती थीं, तब इस अवधारणा से हमारे स्वार्थों की सिद्धि होती थी। लोग अपने कृषि व्यवसाय या पारम्परिक कार्यों के द्वारा जीवन यापन करते थे। तब देश में संयुक्त परिवार ही हुआ करते थे। तब घर का लड़का घर में ही रहता था और अपने माँ-बाप के बुढ़ापे का सहारा बनता था। तब तो यह बात लागू होती थी कि घर में लड़के का पैदा होना आवश्यक है। लेकिन आज जब स्थिति पूरी तरह बदल गई है, तब भी हम उसी परम्परा के तहत जीवन जी रहे हैं, जो कि पूरी तरह गैरलाजिमी है। आज हमें ऐसी परम्पराओं और मान्यताओं को तिलांजली दे देनी चाहिए। और भी बहुत सारे कारण हैं, जिसके चलते लोगों को बुढ़ापे में अकेले जीवन जाना पड़ रहा है। देश में महंगाई लगातार बढ रही है, जिसके कारण शहर में संयुक्त परिवारों के साथ रहने में दिक्कत हो रही है। मंहगाई के कारण भी एकाकी परिवारों का प्रचलन बढ़ा है। जीवनशैली भी बदल गई है। जीवन के मापदंड बदल गए हैं, जिसके कारण लोग बुढ़ापे में अकेले रहने को मजबूर हो रहे हैं।

यदि विचार किया जाए तो इस बदलाहट के पीछे सिर्फ युवा वर्ग का दोष नहीं, यह समय परिवर्तन का परिणाम है। आज हमारा देश पश्चिमी सभ्यता के अनुरूप जीवन जीना चाहता है, तो निश्चित है कि आप जिस सभ्यता को अपनाएंगे, आपका जीवन वैसे ही होता चला जाएगा। यह किसी व्यक्ति विशेष की बात नहीं है। यह तो जीवन चक्र है, जो लगातार बदलता रहता है।

आज हम लोग पश्चिमी सभ्यता को अपना रहे हैं और पश्चिम वाले हमारी सभ्यता को अपना रहे हैं। आज हमारे देश में मांसाहार का प्रचलन लगातार बढ़ता जा रहा

है, वहीं अमेरिका और यूरोप वाले शाकाहार को प्राथमिकता दे रहे हैं। विदेशों में भारतीय सभ्यता धीरे-धीरे पैर पसार रही है। अभी हाल के कुछ वर्षो में भारतीय योग की चर्चा पूरे विश्व में छाई रही। लगभग पूरे देश योग को अपना रहे हैं। वहीं (UNO) ने इक्कीस जून को योग दिवस (YOGA DAY) निर्धारित कर दिया है, जो हर साल मनाया जाएगा। लेकिन भारतीय लोग पश्चिमी रंग में रंगते जा रहे हैं। तो परिवर्तन प्रकृति का शाश्वत नियम है। वह पूरे संसार में लागू होता है। इसमें किसी व्यक्ति या समाज की भूमिका नहीं होती। जो आज है वह कल नहीं रहेगा, यह निश्चित है।

इन सभी तथ्यों को ध्यान में रखते हुए परिवार में लड़का-लड़की की अवधारणा से ऊपर उठने की आवश्यकता है।

मैं ऐसे कई परिवारों को जानता हूँ, जहां लड़का न पैदा होने के कारण स्थिति तनावपूर्ण रहती है। किसी-किसी घर में स्थिति यहाँ तक आ जाती है कि पत्नी या बहू को प्रताड़ित किया जाता है, साथ ही मारपीट भी की जाती है और तलाक तक की भी नौबत आ जाती है। और कभी-कभी तो पत्नी या बहू की हत्या भी कर दी जाती है अथवा लड़के का दूसरा विवाह कर दिया जाता है।

अब इससे ज्यादा मूढ़ता की बात भला क्या हो सकती है? लड़का-लड़की का पैदा होना ईश्वर के हाथ में है। आज तक दुनिया की कोई भी मेडिकल साइंस (MADICAL SCIENCE) इस तथ्य को नहीं सुलझा पाई कि आखिर किस स्थिति में पुरुष वीर्याणु के X और Y क्रोमोसोम के शुक्राणु क्रियाशील होते हैं? जब विज्ञान ही इस तथ्य से अपरिचित है और ईश्वरीय सत्ता को स्वीकार करता है, तब हमें स्वीकारने में क्या हर्ज है? और वैसे भी वैज्ञानिक सिद्धांत के अनुसार लड़का-लड़की पैदा होने में स्त्री की कोई जिम्मेंदारी नहीं होती। क्योकि स्त्री के अंडाणु में सिर्फ X-X क्रोमोसोम ही होते हैं।

लेकिन सबसे ज्यादा आश्चर्य तब होता है, जब आज की शिक्षित पीढ़ी भी सारा दोषारोपण स्त्री के सिर पर मढ़ती है, जबकि वास्तविकता उसे पता होता है। यह बेहद दुर्भाग्यपूर्ण स्थिति है। हम आज भी पुरानी घटिया परम्पराओं और मान्यताओं को ढ़ोते चले जा रहे हैं, जबकि हम जानते हैं कि यह गलत है।

पुरुष सब कुछ जानते हुए भी अपनी कमियों को भाग्य का रूप देकर सारा दोष

स्त्री पर मढ़ देता है। लेकिन स्थिति अब धीरे-धीरे बदल रही है। आज की शिक्षित नारी यह सब कुछ सहन करने के लिए तैयार नहीं है। वह इन मुढ़ताओं का विद्रोह करने लगी है। क्योंकि सच्चाई उसको भी पता है।

जीवन में स्थिति तब और तनाव पूर्ण हो जाती है, जब पुरुष स्त्री को दोष देता है और स्त्री पुरुष को दोषी मानती है। इस स्थिति में तलाक की संभावनाएं बढ़ जाती हैं, क्योंकि वास्तविकता स्त्री को भी पता रहती है।

मेरा मानना है कि इन सभी समस्याओं से बचने के लिए परिवार के पुरुषों को अपनी धारणा बदलनी चाहिए, क्योंकि ऐसी स्थिति पुरुष के कारण ही पैदा होती हैं। पुरुषों को चाहिए कि वैज्ञानिक तथ्यों को स्वीकार करते हुए ईश्वर की मर्जी का सम्मान करें। जीवन की सत्यता को स्वीकारने का साहस जुटाएं और संसार के परिवर्तन का सम्मान करें। अपने परिवार के बुजुर्गों को समझाएं और साथ ही स्त्रियों को वास्तविकता से परिचित कराएं। ऐसा करने से ही हम अपने घर-संसार की खुशियों को सुरक्षित रख पाएंगे, अन्यथा जीवन आनंद के बजाय दुखों में परिवर्तित हो जाएगा।

बहू को बेटी के समान अधिकार व प्यार दें

मेरी धारणा है कि जिस दिन भारत में लोग बहू को बेटी के समान अधिकार, प्यार और सम्मान देने लगेंगे, उस दिन देश की पारिवारिक समस्या विदा हो जाएगी। परिवार की बहुत सी समस्याएं बहू को बहू समझने के कारण पैदा होती हैं। बहू के साथ दुश्मनों जैसा व्यवहार ही परिवार में विघटन का कारण बनता है।

यह कोई किताबी धारणा नहीं है, बल्कि विज्ञान की तरह प्रयोगिक है। आपने भी कोई न कोई ऐसा परिवार अवश्य देखा होगा, जहाँ पर लोग बहू को बेटी की तरह मानते हैं। उसे बेटी के जैसे अधिकार व सम्मान दिया जाता है, बदले में उस घर की बहू भी अपने ससुराल वालों को अपने मायके वालों से ज्यादा इज्जत, सम्मान व प्रेम देती है। साथ ही उनकी हर छोटी-बड़ी जरूरतों का ख्याल रखती है।

ऐसा भी नहीं है कि ऐसे परिवारों में समस्याएं नहीं होती। समस्याएं तो होती हैं, लेकिन पारिवारिक कलह नहीं होती। जबकि पारिवारिक कलह आज हमारे जीवन

की सबसे बड़ी समस्या है।

जिस परिवार में लड़ाई-झगड़े का वातावरण रहता है, वहां पर धन की बारिश ही क्यों न होती हो, लेकिन वहां सुख और शांति कभी नहीं रहती, बल्कि यह कहें तो ज्यादा उचित होगा कि वहाँ शांति की कल्पना भी नहीं की जा सकती। क्योंकि धन ही सुख का पैमाना नहीं होता।

नोट:- जहाँ शांति होती है, वहीं सुख होता है और जहां सुख होता है, वहीं स्वर्ग होता है।

शांति और आनंद एक दूसरे के पूरक हैं।

इस सुख और शांति को पाने के लिए मनुष्य को कुछ खोना भी पड़ता है। हमारी सबसे बड़ी समस्या यह होती है कि हम जीवन में पाना तो बहुत कुछ चाहते हैं, लेकिन खोने को नाम मात्र के लिए तैयार नहीं रहते।

मनुष्य को जीवन में सच्चा सुख पाने के लिए अपने अहंकार को तो नष्ट करना ही पड़ेगा। क्योंकि अहंकार ही दुख का मूल कारण है। जिस तरह एक माँ को अपने बच्चे के प्रति कोई अहंकार नहीं होता, सिर्फ प्रेम ही प्रेम होता है। वह अपने बच्चे, (चाहे वह लड़का हो या लड़की) के पालन पोषण में कई प्रकार के कष्ट उठाती है, लेकिन उसे कोई शिकायत नहीं होती। वह अपने बच्चे पर प्यार ही लुटाती है।

लेकिन वही माँ अपनी बहू के प्रति अहंकार का भाव रखती है। उसे हमेशा सास होने का अहंकार सवार रहता है। उसे लगता है कि मैं सास हूँ तो मेरा इस पर पूरा अधिकार है। मैं जो भी कुछ कहूँ, उसे करना ही चाहिए। इस तरह की फिजूल की धारणा के कारण घर का माहौल कलहपूर्णता की ओर अग्रसित होता है।

ध्यान दे:- अधिकार के दो पहलू होते हैं।

पहला:- किसी को अधिकार में लेना अर्थात उसका मालिक बनना। उसको अपने कब्जे में लेकर उसकी मालकियत छीन लेना।

दूसरा:- किसी को अधिकार देना अर्थात उसको स्वतंत्रता प्रदान करना। उसको मालकियत प्रदान करना। उसे जो करना है, वह करे। उसकी स्वतंत्रता में किसी प्रकार की बाधा न पहुंचाना।

अब भारतीय संस्कृति में होता यह है कि हम लोग अपनी बेटी को तो अधिकार देते हैं और बहू का अधिकार छीनते हैं। फिर बहू से अपेक्षा यह करते हैं कि हमें वह अपने माँ-बाप जैसा प्रेम दे। वह हमारा सम्मान करे और यथोचित ख्याल रखे।

लेकिन ऐसा ज्यादा दिनों तक चलता नहीं। एक न एक दिन ऐसा आता है कि बहू का सब्र टूट जाता है और परिवार में बगावत का बिगुल बज जाता है। क्योंकि हम जबरदस्ती ज्यादा दिनों तक किसी से प्यार, सम्मान नहीं ले सकते।

नोट:- संसार में प्रेम के बदले ही प्रेम मिलता है।

जब हम किसी को प्यार देंगे, तभी तो वापस हमें प्यार मिलेगा।

दुनिया में प्रेम का भी अपना सिद्धांत होता है। प्रेम हमेशा ऊपर से नीचे की ओर बहता है। जैसे गंगा हिमालय से निकलकर सागर की ओर बहती है। सागर, हिमालय की ओर नहीं बहता।

ठीक इसी प्रकार प्रेम, बड़ों से छोटों की ओर बहना चाहिए। एक माँ अपने बच्चे को प्यार करती है, तभी बच्चा माँ को प्यार करता है। आपने ऐसा कभी नहीं देखा होगा कि पहले बच्चा, माँ को प्यार करे तत्पश्चात माँ बच्चे को प्यार दें अर्थात माँ, अपने बच्चे को प्यार के बदले प्यार दे।

यदि कभी ऐसा हुआ तो संसार की पूरी व्यवस्था ही बिगड़ जाएगी। शायद ऐसा कभी नहीं हो सकता, क्योंकि यह पूरी तरह अप्राकृतिक है। ऐसा न पहले कभी हुआ है और न कभी होगा।

हमारी संस्कृति में जो भेदभाव की समस्या है वह एक विकराल समस्या है। एक ओर बेटी को हम मित्रवत रखते हैं, वहीं दूसरी ओर बहू को अपनी इज्जत के तौर पर देखते हैं। हमारी बेटी कैसे भी कपड़े पहने, हमें सब कुछ स्वीकार होता है। फिर चाहे वह जींस-टी शर्ट पहने, सलवार सूट पहने या और कोई फैशनेबल परिधान हो, लेकिन बहू को साड़ी ही पहननी चाहिए। यदि बहू भी सलवार-सूट या जीस-टी शर्ट पहनना चाहे, तो हमारी इज्जत ही नीलाम होने लगती है। बेटी कैसे भी कपड़े पहने,

उससे इज्जत बढ़ती है और वही कपड़े यदि बहू पहन ले, तो हमारे दिल पर सांप लोट जाता है। हम सरेआम बेइज्जत हो जाते हैं।

इस प्रकार का विरोधाभाष ही जीवन में दुख का कारण बनता है। हमारे ऐसे दोहरे व्यक्तित्व के कारण ही परिवार में कलह पैदा होती है। हम अपने ही कारण जीवन में दुख पाते हैं, यह अलग बात है कि दूसरों को जिम्मेदार ठहराते हैं।

आज हमें इस प्रकार के दोहरे चरित्र से बचने की आवश्यकता है। समझदार व्यक्ति वही है जो जीवन को वर्तमान परिवेश के अनुसार जीने की कोशिश करता है। अतीत के सभी सिद्धांत एक दिन बेकार हो जाते हैं, क्योंकि जीवन प्रतिपल बदलता रहता है।

हमारा जीवन नदी के पानी के समान होता है, जो प्रतिपल नया होता रहता है। हमें जीवन को तालाब का पानी नहीं बनाना चाहिए, जो समय की धार में सड़ जाता है। ठहरा हुआ पानी और अतीत के सिद्धांत एक जैसे होते हैं। उनमें कोई ताजगी नहीं होती, सिवाय बदबू और बासेपन के कुछ नहीं होता।

सम्मान दोगे, तो ही सम्मान मिलेगा

मनुष्य की जिन्दगी बूमरेंग (एक ऑस्ट्रेलियाई हथियार जो शिकारी के द्वारा मारे जाने पर वापस लौट आता है) की तरह होती है। हम जो भी दूसरों को देते हैं, वही हमारे पास वापस लौट आता है। यह प्रकृति और जीवन का शाश्वत नियम है।

इस सिद्धांत को हमें अपने जीवन में उतारना होगा। दुनिया के सारे धर्मशास्त्र भी यही कहते हैं कि आप दूसरो के साथ वह व्यवहार न करें, जो स्वयं को पसंद न हो। लेकिन समस्या सबसे बड़ी यही है कि हम सब इन बातों को जानते तो हैं, लेकिन अपने जीवन में थोड़ा सा भी उतारने का प्रयत्न नहीं करते।

यदि देखा जाए तो संसार में ऐसा कोई व्यक्ति नहीं होगा, जो स्वयं के लिए प्यार, इज्जत, सम्मान न चाहता हो। लेकिन मजे की बात यह है कि सब कुछ मुफ्त में चाहता है। हम सब निहायत स्वार्थी हो गए हैं। कुछ भी देने को तैयार नहीं हैं और बदले में सब कुछ पा लेना चाहते हैं। हम ऐसा भी कह सकते हैं कि हम सब भिखारी हैं, जो माँगना तो जानते हैं, लेकिन देना नहीं जानते।

आज यह स्थिति हर जगह है। फिर चाहे वह घर-परिवार हो, ऑफिस अथवा समाज में हो। सब लोग सम्मान पाने के लिए भूखे नजर आते हैं। हर कोई अपना सम्मान दूसरे से करवाने के लिए आतुर है, लेकिन बदले में दूसरे का सम्मान नहीं करना चाहता।

इसका कारण यह है कि आज व्यक्ति हद से ज्यादा अहंकारी हो गया है। अहंकार दूसरों के सामने झुकने से रोकता है। अहंकार विहीन व्यक्ति ही दूसरे को सम्मान दे सकता है। हालांकि प्रत्येक व्यक्ति यह जानता है कि जब हम किसी व्यक्ति को नमस्कार, सलाम करते हैं, तभी हमें कोई नमस्कार, सलाम करता है। जिन्दगी आपस के लेन-देन से ही चलती है। हम दुनिया को जो देते हैं, हमें वापस वही चीज मिलती है। लेकिन अहंकार के कारण हम ऐसा नहीं कर पाते।

अब सवाल यह पैदा होता है कि यह अहंकार आखिर क्यों पैदा होता है? अहंकार की शुरुआत कहाँ से पैदा होती है? इसके मुख्य स्रोत कौन-कौन से हैं?

तो जनाब किसी को धन का अहंकार होता है, किसी को पद का अहंकार होता है और किसी को ज्ञान का अंहकार होता है। कुछ लोगों को अपने पद-प्रतिष्ठा का अहंकार होता है। वहीं घर-परिवार में लोगों को उम्रदराज अर्थात बड़े होने का अहंकार होता है, तो स्त्रियों को अपने रूप-सौन्दर्य का अहंकार होता है।

इस तरह से मनुष्य तमाम प्रकार के अहंकारों से घिरा होता है। हर किसी में किसी न किसी प्रकार का अंहकार विद्यमान रहता है, जो व्यक्ति को किसी के सामने झुकने से रोकता है। प्रत्येक व्यक्ति सिर्फ दूसरे का झुका हुआ सिर देखना पसंद करता है। दूसरों से सम्मान लेना जानता है और अपने अहंकार को मजबूत करता है। कुछ लोग ऐसे भी होते हैं, जो लोगों को डरा-धमकाकर अपना सम्मान करवाने में अपनी प्रतिष्ठा समझते हैं। ऐसा करके लोग स्वयं को आनन्दित महसूस करते हैं। जबकि ऐसा कृत्य अज्ञानता व मूर्खता का ही प्रमाण हो सकता है।

जहाँ तक घर-परिवार का सवाल है, तो परिवार के बड़े सदस्य अपनी ढलती उम्र का प्रभाव दिखाते हैं। अपने जीवन के अनुभव को दुनिया का सबसे बड़ा ज्ञान समझते हैं। जबकि हो सकता है कि पूरा जीवन मुर्खतापूर्ण बातों में ही व्यतीत कर दिया हो।

भारतीय परिवारों में शायद ही कोई ऐसी सास होगी जो अपनी बहू के ऊपर दबाव न बनाती हो। फिर चाहे बहू कितनी भी योग्य और पढ़ी लिखी ही क्यों न हो। इन बातों का प्यारी सासू माँ से कोई लेना-देना नहीं होता। वह तो सिर्फ इतनी अपेक्षा करेगी कि मेरी बहू मेरे हर आदेश का पालन करे। लोगों के सामने मेरे विवेकपूर्ण व्यक्तित्व का बखान करे, वाद-विवाद न करे। हर विपरीत परिस्थिति में मेरा सम्मान करे आदि-आदि, बदले में चाहे बहू को सिर्फ बेइज्जती, अपमान, शारीरिक कष्ट, मानसिक तनाव या और भी कई तरह की यातनायें प्यारी सासू माँ के द्वारा दी जाती हों। गाँवों में तो जितनी भी हो जाए, उतनी ही कम होती हैं।

अब विचारणीय तथ्य यह है कि क्या व्यहारिक जीवन में ऐसा संभव है कि एक व्यक्ति आपका अपमान करे, शारीरिक यातना दे और आप उसका सम्मान करें व प्रेम दें? प्रत्येक व्यक्ति के जहन से जबाव आयेगा, नहीं। आखिर क्यों नहीं? क्योंकि ताली एक हाथ से नहीं बजती। और यदि बजती भी है तो कब तक? एक महीना, एक साल अथवा पाँच साल। एक न एक दिन तो ज्वालामुखी फट ही जाएगा। परिवार की सारी खुशियां छिन्न-भिन्न हो जाएगी। पारिवारिक संतुलन, असंतुलन में बदल जाएगा।

ऐसी स्थिति से बचने के लिए सबसे पहले अपने अहंकार को त्यागना चाहिए। अपने विचारों में छोटे-बड़े का भेदभाव त्यागना चाहिए। हमें यह मानना चाहिए कि ईश्वर सब में बराबर है। उसका बड़ो में जितना वास है, उतना ही छोटो के हृदय में भी है। हमें व्यक्ति का नहीं, उसके भीतर बसे हुए परमात्मा का सम्मान करना चाहिए।

यदि इतनी छोटी सी बात बड़े-बुजुर्गों की समझ में आ जाए तो घर-परिवार में खुशियां ही खुशियां बरसेंगी। आखिर हमें यह मानना होगा कि संसार का प्रत्येक व्यक्ति हमारी ही तरह सम्मान चाहता है, फिर चाहे वह बड़ा हो अथवा छोटा हो, क्योंकि अहंकार सबके भीतर विद्यमान है। छोटे बच्चे में भी उतना ही अहंकार होता है, जितना बड़ों में होता है।

इसलिए हमें अपने विवेक का इस्तेमाल करते हुए परिवार के सभी सदस्यों का सम्मान करना चाहिए।

❑

वैवाहिक जीवन में संतुलन

सफल वैवाहिक जीवन के लिए अंहकार मुक्त होना पड़ेगा

दुनिया का प्रत्येक स्त्री-पुरुष विवाह करके आनंदपूर्ण जीवन जीना चाहता है। हर किसी की यह ख्वाहिश होती है कि जीवन प्रेमपूर्ण हो और हमारा जीवन साथी हमें भरपूर प्रेम दे। विवाह के पहले इस तरह की आकांक्षा स्वाभाविक हैं। क्योंकि विवाह का मूल उद्देश्य आनंदपूर्ण सामाजिक जीवन जीना है, इसलिए हर कोई प्रेम का भूखा है। जीवन की सबसे बड़ी माँग प्रेम के अतिरिक्त कुछ नहीं हो सकती, क्योंकि प्रेम के बिना मनुष्य अधूरा है। एक स्त्री, पुरुष के प्रेम के बिना जीना नहीं चाहती, ठीक वैसे ही एक पुरुष, स्त्री के प्यार के बिना जीना पसंद नहीं करता। क्योंकि एक स्त्री स्वयं में परिपूर्ण नहीं है और न ही पुरुष स्वयं में परिपूर्ण है। दोनों एक-दूसरे के बिना अधूरे हैं।

आधुनिक चिकित्सा विज्ञान ने यह सिद्ध कर दिया है कि प्रत्येक पुरुष के शरीर में स्त्री और पुरुष) दोनों तरह के हार्मोन्स होते हैं, ठीक प्रत्येक स्त्री के शरीर में (पुरुष और स्त्री) दोनों प्रकार के हार्मोन्स होते हैं। इसलिए प्रत्येक स्त्री, पुरुष का साथ पाना चाहती है और हरेक पुरुष, स्त्री का सत्सर्ग पाना चाहता है। दोनों अपने भीतर की कमी को पूरा करना चाहते हैं। इसलिए हिन्दुओं ने अर्धनारीश्वर अर्थात शिव और पार्वती का आधा- आधा शरीर मिलाकर मूर्ति बनाई। यह बड़ी मनोवैज्ञानिक कल्पना थी। आज जो राज़ आधुनिक चिकित्सा विज्ञान खोल रही है वह ज्ञानियों को पहले ही पता थी। इसलिए विवाह सिर्फ सामाजिक रूप से ही नहीं, प्राकृतिक रूप से भी अपरिहार्य

है। यहाँ मेरा विवाह से तात्पर्य रीति रिवाजों द्वारा सम्पन्न कराए गए विवाह से नहीं, अपितु विवाह से तात्पर्य यह है कि एक पुरुष के साथ स्त्री और एक स्त्री के साथ पुरुष की निकटता आवश्यक है, चाहे वह किसी भी रूप में हो।

लेकिन प्रत्येक स्त्री-पुरुष अपने वैवाहिक जीवन से संतुष्ट नहीं रहते। कोई भी जोड़ा जीवन में आनन्द अनुभव नहीं करता। प्रत्येक को अपने जीवन साथी से शिकायत बनी ही रहती है। यह अलग बात है कि शिकायत की मात्रा कम ज्यादा भले हो, लेकिन किसी न किसी बात को लेकर रहती अवश्य है। सवाल यह उठता है कि आखिर ऐसा क्या कारण है कि विवाह शुरू में जन्नत और कुछ ही दिन बाद नर्क महसूस होने लगता है? ऐसी कौन सी परिस्थितियां निर्मित हो जाती हैं, जिनके कारण वैवाहिक जीवन दुःखमय हो जाता है?

मैं इस सवाल की गहराई से अनुभव करने के बाद इस निष्कर्ष पर पहुंचा हूँ कि मात्र अंहकार के कारण मनुष्य अपने वैवाहिक जीवन को नर्क में तब्दील कर देता है। अंहकार मनुष्य की सबसे बड़ी बीमारी है। यदि ऐसा कहा जाए कि समस्त प्रकार के दुखों का जन्म ही मात्र अंहकार के कारण होता है, तो गलत नहीं होगा। और ऐसा भी नहीं कि अंहकार मात्र पुरुष को होता है, यह स्त्री को भी अपने चंगुल में फंसा रखता है। यह बात अलग है कि दोनों का अहंकार अलग-अलग प्रकार का होता है। इस अहंकार के कारण ही प्रेम का बीज अंकुर नहीं ले पाता और बोने के साथ ही सड़ जाता है। पुरानी कहावत है कि एक म्यान में दो तलवारें नहीं हो सकतीं। या तो अंहकार होगा या फिर प्रेम होगा। प्रेम का ठीक-ठीक विलोमार्थी शब्द घृणा नहीं, अहंकार है। क्योंकि घृणा, अहंकार की ही परिणीति है। यदि आपको अपनी श्रेष्ठता का अंहकार नहीं होगा तो घृणा कदापि नहीं हो सकती।

पति को अपने पुरुष होने का अहंकार डसता है, क्योंकि पुरुष होना श्रेष्ठता का परिचायक है। आदिकाल से आज तक सभी धर्मों और संस्कृतियों में पुरुष श्रेष्ठ माना गया है। हमारे हिन्दू धर्म में तो कुछ ज्यादा ही श्रेष्ठ माना गया है। कुछ तथाकथित धार्मिक लोगों ने तो स्त्री को नर्क का द्वार माना है। तुलसीदास जी जैसा ज्ञानी व्यक्ति तो स्त्री को ढोल और पशु के बराबर माना है। इतनी क्षुद्र बातें कभी किसी स्त्री ने पुरुषों के लिए नहीं कही होंगी। आदिकाल से लेकर आज तक पूरी दुनिया में पुरुषों का

साम्रज्य रहा और इसी कारण पुरुषों ने सारी अच्छी बातें अपने हक में धर्मशास्त्रों और इतिहासों में लिख डाली। इन्हीं दकियानूसी बातों के कारण आज भी पुरुष, स्त्रियों से स्वयं को श्रेष्ठ समझता है। इसी तथाकथित श्रेष्ठता के कारण पुरुष अंहकारी होता है। जबकि पुरुष में कोई भी बात श्रेष्ठता की नजर आती नहीं।

हिन्दुशास्त्रों में यहाँ तक कहा गया है कि ईश्वर ने स्त्री की रचना पुरुष के आनंद के लिए ही की है। स्त्री का धर्म है कि वह पुरुष की तन-मन से सेवा करे। पुरुषों ने अपने धर्म के साथ-साथ स्त्री धर्म की भी रचना कर डाली, चाहे वह स्त्री को स्वीकार हो या न हो। इससे पुरुषों की सेहत पर कोई असर नहीं पड़ता। पुरुष यह मानने के लिए तैयार ही नहीं होता कि स्त्री के भीतर भी मेरे जैसे प्राण और मेरी जैसी आत्मा है। यह अहंकार की अतिश्योक्ति है। इससे बड़ी अतिश्योक्ति भला क्या हो सकती है?

पुरुष तो पैदाइशी अंहकारी होता है। हम आज भी इस बात से पीड़ित हैं कि बच्चों में लड़के का पैदा होना अनिवार्य है। क्योंकि बिना पुत्र के पिता की मुक्ति असंभव है। आज हमारे देश में हर साल करोड़ों गर्भपात सिर्फ इसी धारणा के कारण किए जाते हैं। पूरी दुनिया में सबसे ज्यादा कन्या भ्रूण हत्यायें हमारे देश में की जाती हैं। क्या यह सब पुरुषों द्वारा रचित धर्म के कारण नहीं है? इस धार्मिक व्यवस्था के कारण करोडों स्त्रियों के गर्भ को नष्ट किया जाता है, फिर चाहे उसकी अपनी मर्जी हो या नहीं। इस तरह के जघन्य अपराध मात्र धार्मिक व्यवस्था के कारण ही तो हो रहें हैं।

पूरी दुनियां में पुरुषों ने अपने स्वार्थ और अहंकार को पोषित करने के लिए स्त्रियों के शोषण की व्यवस्था बना रखी है। आप किसी भी धर्म में देखिए, हर धर्म में स्त्रियों का शोषण है। यह अलग बात है कि किसी में कम है किसी में ज्यादा। धर्म में स्त्रियों को मनुष्य माना ही नहीं गया है। ऐसा लगता है कि स्त्री एक निर्जीव वस्तु है, उसके साथ जैसा चाहो वैसा बर्ताव करो।

मैं कि क्या यह सब धर्मानुकूल है? क्या इन सभी बातों के कारण आज दुनिया में विवाह की व्यवस्था खतरे में नहीं पड़ गई पूछता हूँ? क्या हमारा सामाजिक जीवन छिन्न-भिन्न नहीं हो गया है?

आप जब गम्भीरता से तथा पूरे निष्पक्ष भाव से विचार करेंगे तो समझ में आ जाएगा कि वैवाहिक जीवन मात्र पुरुषों के अंहकार के कारण ज्यादा दुखमय हो गया

है। आज इक्कीसवी सदी में विकास चरम सीमा पर है, लेकिन हमारे देश में स्त्रियों के साथ वही हजारों साल पुराने कानून-कायदे थोपे जा रहे हैं। जिनका कोई औचित्य नहीं है। आज भी स्त्रियों का पहनावा पुरुषों द्वारा तय किये जाते हैं। जबकि स्त्रियां कभी पुरुषों के रहन-सहन पर टिप्पणी नहीं करती। आज भी 45^0C तापमान पर स्त्रियों को घूंघट और बुर्का पहनना पड़ता है। सोचो तो यह कितना आसहनीय और अमानवीय है। यह पुरुष भला क्या समझेगा? क्योंकि पुरुष को तो पहनना नहीं पड़ता। कहावत है न कि जाके पैर न फटी बेवाई, वो क्या जाने पीर पराई। दर्द का एहसास तो उसी को हो सकता है जो दर्द से गुजरता है।

इन तमाम प्रकार के अमानवीय कृत्यों के कारण भला कैसे वैवाहिक जीवन सुखी हो सकता है? स्त्री और पुरुष की जीवनशैली में कोई तालमेल ही नहीं है। एक मालिक की तरह है और दूसरा नौकर की तरह है। जबकि विवाह समानता के तराजू में तुलने वाली रस्म है। वैवाहिक जीवन तब तक विषादपूर्ण ही रहेगा, जब तक इस तरह की असामान्य परिस्थितियाँ निर्मित की जाती रहेगी। प्रेम कभी असमानता के तल पर पैदा नहीं होता। हाँ! घृणा अवश्य पैदा होगी, क्योंकि जहां प्रेम का अर्विभाव नहीं होगा वहाँ घृणा तो अवश्य होगी।

प्रेम के रास्ते पर जो सबसे ज्यादा दुखदाई चीज है, वह अंहकार ही है। अहंकार के कारण हमारा जीवन काटों की सेज बनकर रह गया है। जिसमें दूर-दूर तक फूलों की सुगन्ध नहीं आ पा रही है। यदि आप चाहते हैं कि जीवन में आनन्द हो तो अंहकार छोड़ना होगा क्योंकि बिना निरअंहकार हुए हृदय में प्रेम का आर्विभाव असंभव होगा। इसलिए जहां अहंकार है, वहां प्रेम नहीं होगा। और जहां प्रेम नहीं होगा, वहां निश्चित ही घृणा होगी और घृणा ही विषाद का कारण बनती है।

अब प्रश्न यह उठता है कि हम कैसे अहंकार मुक्त हो सकते हैं?

अहंकार मुक्त होने के लिए कोई औषधि की आवश्यकता नहीं है, लेकिन जागरण की आवश्यकता अवश्य है। हमें ईश्वर की सृष्टि को सम्पूर्णता से स्वीकार करना होगा। इस जगत में जो भी है वह अनावश्यक नहीं है, इसलिए किसी धारणा

के कारण ईश्वर की रचना का अपमान करना अमानवीय ही नहीं नास्तिकता पूर्ण है। पुरुषों को अपने पुरुषत्व के अहंकार से मुक्त होना होगा। जिस भ्रम के कारण पुरुष स्वयं को श्रेष्ठ समझता रहा, उसे त्यागना होगा। जिस प्रकार संसार के प्रत्येक प्राणियों में नर और मादा होते हैं, उसी प्रकार स्त्री और पुरुष हैं। इसमें पुरुष का पुरुष होना कोई विशेष बात नहीं है।

जिन धर्मशास्त्रों में स्त्रियों के प्रति द्वेषपूर्ण इतिहास रचा गया है वह पुरुषों के द्वारा ही रचा गया है। और इसका भी मनोवैज्ञानिक कारण है। कोई भी व्यक्ति जब किसी के बारे में कुछ कहता है तो अच्छाई कम बुराई ज्यादा करता है, यह मनुष्य की प्रवृति रही है। क्योंकि प्रत्येक मनुष्य स्वयं नकारात्मकता से भरा होता है इसलिए वह दूसरों की अच्छाई नहीं देख पाता। प्रत्येक व्यक्ति स्वयं से ज्यादा समझदार और परिपूर्ण किसी को मान ही नहीं सकता। इस अहंकार के कारण दूसरों की बुराई करने से नहीं चूकता। जब तुलसीदास जी जैसे ज्ञानी व्यक्ति भी इस अहंकार से बच नहीं पाए तो सामान्य व्यक्ति की क्या औकात है?

अपनी श्रेष्ठता के दंभ के कारण पुरुषों ने स्त्रियों को बहुत गाली दी है। जिसका परिणाम यह हुआ कि स्त्री स्वयं को उसी रूप में देखना शुरू कर दिया और जो आज तक भी जारी है। आज जब हम इक्कीसवीं सदी में जी रहे हैं, जहाँ स्त्री और पुरुष का भेद खत्म होता जा रहा है। तब ऐसी मूर्खता पूर्ण बातों का कोई औचित्य नहीं होना चाहिए। हो सकता है कभी ये बातें सामाजिक रही होंगी, लेकिन आज बिल्कुल नहीं हैं। आज स्त्री और पुरुष में मात्र लैंगिग भेद के अलावा और कोई भेद नहीं रह गया। लेकिन तब भी हम ऐसी दकियानूसी बातों को मानकर अपने जीवन को आनंद से वंचित किए हुए हैं।

देखिए, मैं यह सब बातें इसलिए कह रहा हूँ कि प्रत्येक कर्म का अपना परिणाम होता है। कर्म का सिद्धांत यही है कि आपके द्वारा जाने-अनजाने में जो भी कृत्य सम्पन्न होते हैं उनका अपना परिणाम होता है। आप जब किसी को घृणा की दृष्टि से देखते हैं तो वह आपको प्रेम की दृष्टि से नहीं देखेगा, वह भी आपको घृणा ही लौटाएगा। जब आप किसी को नीच साबित करने की कोशिश करते हैं तो स्वयं ही पाप के भागीदार हो जाते हैं। क्योंकि किसी का अपमान करना ईश्वर का ही अपमान

है। स्त्री भी ईश्वर की कृति है, इस अर्थ में अपराधी हो ही जाते हैं। इसका परिणाम यह होगा कि आपका जीवन दुख और समस्याओं से घिरा रहेगा। फिर चाहे आप अपने जीवन में कितनी भी दौलत क्यों न इकट्ठी कर लें, आप अपने कर्मों के परिणाम से बच नहीं सकते।

यह कर्म का सिद्धांत केवल पुरुषों के लिए नहीं है, स्त्रियों के लिए भी है। मैं स्त्रियों से भी कहना चाहता हूँ कि किसी भी तरह के अहंकार से बचें। क्योंकि अहंकार दोनों के लिए उतना ही दुखदाई होगा। मैं यह नहीं कहता कि स्त्रियां निरअहंकारी होती हैं। उनके अपने तरह के अहंकार हैं। यदि पुरुषों को अपने बल और ज्ञान का अहंकार होता है तो स्त्रियों को अपने रूप और सौन्दर्य का अभिमान होता है, जो पूर्णतः अज्ञानता का परिचायक है। क्योंकि रूप और सौंदर्य प्रकृति प्रदत्त है, इसमें किसी का कोई अर्जन नहीं है। आखिरी बात मैं यही कहना चाहता हूँ कि स्त्री और पुरुष दोनों अपने-अपने अंहकार को त्याग कर वैवाहिक जीवन को स्वर्ग बना सकते हैं। एक दूसरे के प्रति समर्पण और समानता का भाव पैदा कर जीवन में प्रेम ही प्रेम भर सकते हैं। बिना प्रेम के जीवन जीना जिन्दा नर्क है। कहते हैं न कि नर्क और स्वर्ग यहीं है। यह किसी आसमान में नहीं है, जो मरने के बाद प्राप्त होता है। प्रेम पूर्ण जीवन जीना ही स्वर्ग है। अंहकारपूर्ण जीना ही नर्क है। क्योंकि अहंकार का परिवर्तित रूप मात्र घृणा होता है। और घृणा ही सारे दुखों की जननी है।

स्त्री भी मनुष्य है ऐसी धारणा रखें

ईश्वर ने संसार की रचना करते समय प्रत्येक प्राणी को दो भागों में विभाजित किया, क्योंकि कोई भी रचना दो के बिना अंसभव है। कुछ भी नया होने के लिये दो अपरिहार्य है और जगत को चलायमान रखने के लिए ईश्वर ने नर और मादा की व्यवस्था की। दो में से किसी एक के न होने पर दूसरे का कोई औचित्य नहीं है। फिर चाहे एक शक्तिशाली हो और दूसरा शक्तिहीन। जीवन दो विपरीत ध्रुवों से मिलकर निर्मित होता है, इसलिए दोनों का महत्व बराबर है। लेकिन मनुष्य जाति में ऐसा कभी नहीं हुआ। आदिकाल से लेकर आज तक स्त्रियों को हमेशा दोयम दर्जे का मनुष्य ही माना गया। स्त्रियों के प्रति पुरुषों का नजरिया कभी समानता का नहीं रहा। पुरुषों

ने हमेशा स्त्रियों के प्रति शोषण की नीति अपनाई। मुझे आज तक यह समझ में नहीं आया कि आखिर ऐसा क्यों है? कमजोर से कमजोर पुरुष भी स्त्रियों का शोषण करने से नहीं चूकता।

जहाँ तक मुझे समझ में आता है कि इसके लिए हमारे धर्मशास्त्र सबसे ज्यादा जिम्मेदार हैं। सभी धर्मों ने लगभग स्त्रियों का अनादर किया। यहाँ तक कि भगवान बुद्ध भी बहुत दिनों तक स्त्रियों को दीक्षा नहीं दी। तुलसीदास जी ने तो पशुओं से ही तुलना कर दी। और हिन्दू शास्त्रों में कहा गया है कि 'नारी नर्क का द्वार' है। भगवान श्रीराम जी ने भी सीता जी की अग्नि परीक्षा ली और एक धोबी के व्यंग्य पर गर्भावस्था की स्थिति में अपनी पत्नी को घर से बाहर निकाला। युधिष्ठर ने जुंए पर द्रौपदी को दांव पर लगाया और दुःशासन ने दुर्योधन के कहने पर भरी सभा में द्रौपदी को नग्न करने की कोशिश की और सभा में सभी पुरुष देखते रहे। यहाँ तक ही नहीं, आज से सौ साल पहले तक स्त्रियों को जबरदस्ती सती बनाया जाता रहा। पुरुष ने अपनी कामवासना की पूर्ति के लिए वेश्यालयों की व्यवस्था इजाद की। एक राजा के पास हजारों पत्नियां रखने की व्यवस्था थी। खुद राजा दशरथ के पास तीन पत्नियाँ थी। मंदिरो में देवदासियां रखी जातीं थीं, जिससे समय-समय पर कामवासना की पूर्ति की जा सके। आज भी दुनिया के बहुत सारे देशों में व्यवस्थित वेश्यालय हैं, जिनको सरकार द्वारा मान्यता प्राप्त हैं। हमारे देश में आज भी स्त्रियाँ खरीदी-बेंची जाती हैं। न जाने कितनी लड़कियों को जबरदस्ती वेश्या बना दिया जाता है। फिर भी सरकार और सामाजिक संगठन कोई ठोस कानून नहीं बना पाए या यह कहें कि नहीं बनाना चाहते, क्योंकि सरकार में ज्यादातर पुरुष ही हैं।

आज स्त्रियों की इस हालत के लिए बहुत हद तक हमारा संविधान भी जिम्मेंदार है। संविधान में स्त्रियों के अस्तित्व के लिए कोई ठोस कानून ही नहीं, जबकि संविधान निर्माण के समय स्त्रियों को शोषण होता था। मुझे यह समझ में नहीं आता कि संविधान निर्माताओं ने स्त्रियों के सुधार और शोषण के खिलाफ ठोस कानून क्यों नहीं बनाए? क्या इसलिए कि संविधान निर्माता में सभी पुरुष थे? ये सब बड़े ज्वलंत सवाल हैं। और सबसे बड़ी बात यह है कि जो नियम कानून हैं भी, उनका ठोस पालन क्यों नहीं हो रहा? जैसे कि आज हमारे देश में दहेज प्रथा के खिलाफ कानून बना

है, लेकिन पूरे देश में दहेज प्रथा का जबरदस्त प्रचलन है। और पूरी पुलिस व्यवस्था और कानून जानता है, कि सारे आम दहेज लिया और दिया जाता है, फिर भी कोई कार्यवाही नहीं होती। शायद सरकार की मंशा नहीं है कि दहेज प्रथा जैसी कुरीतियों को नष्ट किया जाए, क्योंकि सरकार में ज्यादातर पुरुष ही हैं। हो सकता है जिस दिन संसद में महिलाओं की भागीदारी पुरुषों के बराबर हो जाएगी, उस दिन महिलाओं के पक्ष में नया संविधान संशोधन किया जा सकेगा। अभी तक स्थिति दूर दूर तक नहीं दिख रही है। क्योंकि संसद में तैंतीस प्रतिशत आरक्षण का मुद्दा अभी-अभी पास हुआ है।

जिस दिन अस्तित्व को हम पूरी समग्रता के साथ देख पाएंगे, उसी दिन हमारे मन से द्वंद समाप्त हो पाएगा। अस्तित्व को हम दो भागों में विभक्त करके देख रहे हैं, इसलिए द्वंद कायम है। पूरे प्राणिजगत में मनुष्य के अलावा कोई भी प्राणी मादा को दोयम दर्जे का प्राणी नहीं मानता, क्योंकि समस्त प्राणी अहंकार विहीन हैं। वो अस्तित्व को पूरी समग्रता के साथ स्वीकार करते हैं। प्रकृति के खिलाफ कोई भी प्राणी जीने को राजी नहीं होता, सिर्फ मनुष्य को छोड़कर। हम ऐसा भी कह सकते हैं कि पुरुष पूरे जीवन को प्रकृति से लड़ते हुए व्यतीत कर देता है और अन्त में समाप्त हो जाता है, लेकिन मरते दम तक अपने अंहकार को छोड़ने के लिए राजी नहीं होता।

पूरी दुनिया में यदि वैवाहिक जीवन तनाव और कलह से भरा हुआ है तो उसका कुल कारण पुरुष का अंहकार है। समूची दुनिया में किसी भी धर्म, सम्प्रदाय के महिलाओं को पुरुषों के बराबर अधिकार नहीं हैं। मैं मानता हूँ कि इसी अंसतुलन के कारण वैवाहिक जीवन कलहपूर्ण है। विवाह के समय पुरुष जिन वायदों और रस्मों को निभाने की कसम खाता है, उनमें से शायद दस प्रतिशत भी नहीं निभाता। जैसे कि हिन्दुओं में विवाह के समय पति, पत्नी के साथ आठ वचनों को निभाने का वायदा करता है, लेकिन एक भी वचन नहीं निभाता। क्योंकि एक वचन को निभाने में ही पुरुष का अंहकार बिखर जाएगा। ये वचन तो मात्र वैवाहिक रस्मों को निभाने के लिए होते हैं। पत्नी भी भली-भांति जानती है, लेकिन क्या करें, उसे तो मजबूरी में सब कुछ करना पड़ता है।

मैं यहाँ यह नहीं कह रहा हूँ कि स्त्री अपने द्वारा दिए गए सात वचनों को पूरी

ईमानदारी के साथ निर्वहन करती है, लेकिन पुरुष की अपेक्षा तो ज्यादा ही करती है। इस सच्चाई को कोई भी पुरुष नकार नहीं सकता।

हालांकि देखा जाए तो इसके पीछे कुछ प्राकृतिक कारण भी हैं। चूंकि स्त्री को गर्भ धारण करना पड़ता है और बच्चे को बड़े होने तक बहुत प्यार से पालना पड़ता है, इसलिए स्त्री प्राकृतिक रूप से कोमल हृदय वाली और करूणामयी होती है। लेकिन इसके पीछे हमारे संस्कार भी जिम्मेंदार हैं।

हम सब लड़की को अलग ढंग से पालते हैं और लड़के को अलग ढंग से। इस प्रकार देखा जाए तो कहीं न कहीं पुरुष को अंहकारी बनाने में हमारा भी हाथ होता है। प्रकृति अपना काम तो करती ही है, लेकिन हम प्रकृति से भी ज्यादा अंहकार पैदा करने की शिक्षा देते हैं। हम सब प्रत्येक पुरुष के बचपन में स्त्री के प्रति इतना घृणा भर देते हैं कि वह उसे जिन्दगी भर अपने साथ ढोता रहता है।

हमें सबसे पहले इस पृथकीकरण से बचना होगा। लड़के को लड़की की भांति ही विकसित करना होगा। जब बचपन से ही अहंकार विहीनता की शिक्षा दी जाएगी, तभी यह संभव हो पाएगा कि पुरुष वयस्क होकर अंहकारी न हो सके। इस पृथकीकरण के कारण स्त्रियों में भी पुरुष के प्रति बचपन से ही घृणा पैदा हो जाती है, जो जीवन भर साथ चलती रहती है। इस प्रकार की असमानता मात्र मनुष्यों के पालन पोषण में पाई जाती है। कोई भी प्राणी, नर और मादा बच्चे के पालन पोषण में भेद नहीं करता, शायद इसलिए उनमें ऐसी असमानता भी नहीं पाई जाती है।

हालांकि इस प्रकार की असमानता के पीछे हमारा स्वार्थ ही है। हम सब जानते हैं कि लड़की पराये घर में जीवन व्यतीत करेगी और लड़का हमारे साथ जीवन भर रहेगा। इस कारण स्वार्थवश उसका पालन पोषण और ही ढंग से किया जाता है। हम सब लड़के में अपने बुढ़ापे का सहारा खोजते हैं तथा वंशवाद को कायम रखने के लिए और अपनी अमरता को चिरकालिक बनाए रखने के लिए नाकाम कोशिश में जुटे रहते हैं। देखा जाए तो यह भी अंहकार का एक रूप ही है। हम मरकर भी मरना नहीं चाहते। प्रत्येक व्यक्ति यह चाहता है कि दुनिया उसके मर जाने के बाद भी उसे याद करती रहे। इसलिए तो लोग इतिहास में अमर होने के लिए कुछ भी करने के

लिए आतुर रहते हैं। हिटलर जैसे लोग मात्र ऐतिहासिक व्यक्ति बनने के लिए लाखों लोगों को मौत के घाट उतार देते हैं।

हम इन्हीं मनोवैज्ञानिक विकृति के कारण लड़के की चाह रखते हैं और यही सब चाहें हमें लिंगभेद का शिकार बना देती हैं। पुरुष मात्र अपने स्वार्थ और अहंकार के कारण स्त्री को बराबरी का दर्जा नहीं दे पाते हैं।

देखा जाए तो हमारी पुरुष प्रधान वाली संस्कृति में स्त्रियों का अत्यंत शोषण हुआ और अभी भी जारी है। और तब भी हम अपनी संस्कृति पर गर्वित होते हैं, जो नितांत हस्यास्पद है। भारत का प्रत्येक पुरुष भारतीय संस्कृति पर गर्वान्वित महसूस करता है, क्योंकि यह उसके पक्ष में है। पूरी दुनिया में जहां भी स्त्रियों का शोषण होता है वहां का पुरुष उस संस्कृति को सर्वोत्तम मानता है। जबकि हमारे यहाँ वैदिक काल में ऐसा नहीं था। भारत में स्त्रियों को जितनी स्वतंत्रता वैदिक काल में थी, उतनी कभी नहीं रही। और मजे की बात यह है कि हम अपने धर्म का आधार वेद को मानते हैं, लेकिन उसकी किसी भी बात का अनुसरण नहीं करते। यह मनुष्य के जीवन में सबसे दुखद घटना है। पूरी दुनिया के पुरुष धर्म को तो मानते हैं, लेकिन धर्म को अपनाना नहीं चाहते।

मैं मानता हूँ कि जिस तरह से आज तक स्त्रियों के प्रति जो दुर्व्यहार हुआ है, वह पूरी तरह आप्रकृतिक है। जब हम यह मानते हैं कि प्राकृतिक रूप से स्त्री कमजोर होती है तो उसको सबल बनाने के लिए और ज्यादा अधिकार दिए जाने चाहिए, न कि उसका शोषण करना चाहिए। हमारे वैदिक धर्म में स्त्रियों के प्रति सम्मान की बात लिखी है, न कि अपमान और शोषण की। हमें फिर से अपने मूल धर्म को अपनाने की आवश्यकता है।

दरअसल, इन सभी चीज़ों के पीछे जो कारण हैं, वह हजारों साल की गुलामी भी है। हमारा देश पिछले एक हजार साल से गुलाम रहा है। जिसके फलस्वरूप हमारे देश में कई सारे धर्मों और सम्प्रदायों का आगमन हुआ। इन हजार सालों में हम अपनी मूल संस्कृति को भूल गए। हमारी आज की जो संस्कृति है, वह हिन्दू, मुस्लिम और ईसाइयत की मिली जुली इकाई है। आज हमारे देश में जो स्त्रियों की दशा है, वह मुस्लिम धर्म के कारण है। स्त्रियों को पर्दा करना, अशिक्षित रखना, भेदभाव पूर्ण

व्यवहार करना, यह सब कुछ मुस्लिम धर्म की देन है। क्योंकि आज भी मुस्लिम स्त्रियों को बहुत सारे अधिकारों से वंचित रखा जाता है। आज भी सउदी अरब जैसे विकसित देश में महिलाओं को कार चलाने की अनुमति नहीं है। कई मुस्लिम देशों की महिलाओं को पढ़ने, इंटरनेट व मोबाइल उपयोग करने की मनाही है। जब आज ऐसा है तो दो चार सौ साल पहले क्या रहा होगा? इसका अनुमान सहज ही लगाया जा सकता है।

वहीं जबकि ईसाइयत महिलाओं के प्रति अति उदार है। आज यूरोप और अमेरिका की महिलाओं को लगभग पुरुषों के बराबर ही अधिकार प्राप्त हैं। इसी कारण यूरोप और अमेरिका दुनिया में सबसे ज्यादा विकसित देश हो पाए। ये बात निश्चित है कि जिन धर्मों और सम्प्रदायों में स्त्री का सम्मान नहीं होता, वहाँ शांति कभी नहीं हो सकती। क्योंकि जब तक स्त्री जीवन के प्रत्येक क्षेत्रों में पुरुष की सहगामिनी नहीं बनेगी, पुरुष के जीवन में शांति नहीं आएगी। इन सभी तथ्यों का निचोड यह है कि हमें वैदिक धर्म की ओर लौटते हुए जीवन के प्रत्येक मोड़ पर अपनी पत्नी को सहपत्नी बनाना होगा। हमें पुरानी सड़ी-गली संस्कृति को छोड़कर नई संस्कृति का निर्माण करना होगा। एक ऐसी संस्कृति जिसमें पति और पत्नी में, स्त्री और पुरुष में भेद न हो। दोनों मात्र मनुष्य के रूप में जीवन गुजार सकें और प्रकृति की इस अनुपम देन का आनंद उठा सके। मैं मानता हूँ कि यह तभी संभव हो सकेगा जब पुरुष, स्त्री को स्त्री की भांति नहीं, एक मनुष्य की भांति समझेगा। जब पुरुष के हृदय में स्त्री के प्रति वही करूणा और प्रेम होगा जो स्वयं के अस्तित्व के प्रति है। जब ऐसी धारणा का जन्म होगा, जहाँ स्त्री और पुरुष जैसे दो शब्द अस्तिव विहीन हो जाएंगे और अस्तित्व में सिर्फ एक शब्द बचेगा वह है मनुष्य।

विवाह आपसी समझौता है गुलामियत नहीं

प्रकृति ने संसार के समस्त प्राणियों की भाँति मनुष्य को भी दो भागों में विभक्त किया है। स्त्री और पुरुष के रूप में, मनुष्य को विभक्त कर जीवन को गतिमान बनाए रखने के लिए ईश्वर ने संसार की व्यवस्था रची है। लेकिन विवाह कोई ईश्वरीय व्यवस्था नहीं, यह मनुष्य की ईजाद है। मनुष्य ने जीवन को व्यवस्थित रूप से जीने

के लिए विवाह रूपी व्यवस्था की खोज की। यह व्यवस्था दुनिया के कोने-कोने में किसी न किसी रूप में अवश्य पाई जाती है। कहीं प्रेम विवाह प्रचलित है, तो किन्हीं समाजों में सामाजिक विवाह प्रचलित है। और आजकल (लिव इन रिलेशन) के रूप में भी विवाह को देखा जा सकता है। हालांकि यह विवाह संस्था के द्वारा अधिकृत नहीं होता, फिर भी साथ रहकर जीवन गुजारना एक प्रकार का विवाह ही है।

देखा जाए तो विवाह मनुष्य की मजबूरी और अवश्यकता दोनों है। मजबूरी इसलिए है कि संसार के समस्त प्राणियों में मनुष्य का बच्चा सबसे कमजोर और असहाय होता है। मनुष्य के बच्चे को प्रौढ़ होने में (SELF DEPEND) कम से कम अठारह वर्ष लगते हैं, जबकि अन्य प्राणियों के बच्चे कुछ दिनों और महीनों में ही आत्मनिर्भर (SELF DEPEND) हो जाते हैं। ऐसी स्थिति में मनुष्य के पास विवाह के अतिरिक्त कोई और व्यवस्था विकल्प के रूप में नहीं रह जाती।

मैं मानता हूँ कि दुनिया में जब कभी भी विवाह की जरूरत महसूस हुई होगी, तो सिर्फ इसी कारण हुई होगी। हांलाकि बहुत से समाजशास्त्री विवाह को कामवासना की पूर्ति के लिए आधार मानते हैं। बहुत से लोग समाज को व्यवस्थित रखने के विवाह आवश्यक मानते हैं। तो कुछ लोग समाज में व्यभिचार, शोषण और बलात्कार जैसी घटनाओं को रोकने लिए विवाह जरूरी मानते हैं।

लेकिन सबसे अहम कारण बच्चे की परवरिश करना है। जब भी एक स्त्री और पुरुष का सत्सर्ग होगा, तो बच्चे का जन्म तो सुनिशिचत है। अब इस बच्चे की परवरिश की जिम्मेदारी केवल स्त्री भर की तो नहीं होनी चाहिए, क्योंकि बच्चे के जन्म में जितनी जिम्मेदार स्त्री है उतना पुरुष भी है। इसलिए पुरुष का दायित्व बनता है कि वह बच्चे के पालन-पोषण में स्त्री का सहयोग करे। इन्हीं कारणों के चलते विवाह की आवश्यकता हुई होगी, जो मनुष्य के जीवन के लिए बिल्कुल ठीक है और अपरिहार्य भी है।

इस तरह से विवाह एक स्त्री और पुरुष के बीच आध्यात्मिक और सामाजिक समझौता है। यह समझौता चाहे आपसी हो, या सामाजिक व्यवस्था के अनुरूप हो या न्यायालय द्वारा मान्य हो। विवाह, जीवन को आनंदित और आवश्यकताओं की

पूर्ति करने की मात्र व्यवस्था है। यह दो व्यक्तियो के बीच हुआ आपसी समझौता भी है।

लेकिन इस व्यवस्था में अड़चन तब शुरू हो जाती है, जब विवाह प्रेमपूर्ण समझौता न होकर गुलामियत का रूप ले लेता है। जब भी कोई पुरुष अपनी पत्नी को LIFE PARTNER जीवन संगिनी न मानते हुए दासी समझने लगता है अथवा कोई स्त्री अपने पति को अपनी आवश्यकता की वस्तु समझने लगती है, तभी विवाह विकृत हो जाता है। आजकल चारों तरफ ऐसा माहौल देखने को मिलता है। प्रत्येक पुरुष अपनी पत्नी को गुलाम बनाने में कोई कसर नहीं छोड़ता, वहीं स्त्री भी अपनी पति को गुलाम बनाए रखने में कोई कसर नहीं छोड़ती। हाँ! यह बात अलग है कि दोनों के ढंग अलग-अलग होते हैं।

पुरुष शारीरिक बल और आर्थिक शक्ति के द्वारा स्त्री को गुलाम बनाता है, वहीं स्त्री अपने रूप सौन्दर्य और प्रेम के द्वारा पुरुष को गुलाम बनाए रखना चाहती है।

यह बात प्रत्येक स्त्री-पुरुष पर लागू होती है। हर कोई यह चाहत रखता है कि मेरा जीवनसाथी LIFE PARTNER मेरे इशारों पर नाचे, यह अलग बात है कि कौन नाचता है और कौन नचाता है?

हमारे देश में तो आदिकाल से ही स्त्री वस्तु की भाँति समझी जाती थी। स्त्री का मूल्य निर्जीव वस्तु से ज्यादा नहीं था। तभी तो महाभारत में पांडवो ने अपनी पत्नी द्रौपदी को जुएं में लगाकर हार गए। और यहीं से महाभारत के युद्ध का बिगुल बज गया। यदि उस समय स्त्री के प्रति पुरुष की इतनी घटिया सोच नहीं होती, तो शायद महाभारत का युद्ध नहीं होता। लेकिन इतने बड़े दुष्कृत्य के बावजूद भी इतिहास युद्धिष्ठिर को धर्मराज कहता है। क्योंकि इतिहास और धर्म को गढ़ने वाले लोग पुरुष ही थे। यह गुलामियत की सबसे बड़ी मिसाल है। भला इससे ज्यादा अपमान की और क्या बात हो सकती है?

हिन्दू धर्म के सबसे पवित्र ग्रन्थ श्रीरामचरितमानस के रचियता श्री तुलसीदास जी ने भी स्त्री का कम अपमान नहीं किया।

नारि सुभाऊ सत्य सब कहहीं,
अवगुन आठ सदा उर रहही।

ढोल,गवांर, शूद्र ,पशु नारी,
सकल ताड़ना के अधिकारी।

इस तरह की चौपाइयों के द्वारा स्त्री को अपमानित किया गया।

मैं पूछता हूँ कि इस तरह से किसी को किसी का अपमान करने का क्या हक है? जिस ईश्वर ने पुरुष की रचना की, उसी ईश्वर ने स्त्री की भी रचना की, इसमें स्त्री का क्या दोष है। पुरुष, पुरुष जैसा है तो स्त्री, भी तो स्त्री जैसी ही होगी। और जब प्रकृति ने ही भिन्न बनाया है तो उसकी भिन्नता का अपमान करना कहाँ तक उचित है?

बात यहीं तक खत्म नहीं होती। पुरुषों ने एक कहावत और ईजाद कर रखी है कि दुनिया की सारी लडाइयां जर, जोरू और जमीन के लिए होती है। यहाँ भी पुरुषों ने अपना दोष स्त्री के माथे पर जड़ दिया। पुरुष का मानना है कि संसार में जो भी गलत हो रहा है, वह स्त्री के कारण ही तो हो रहा है, जबकि सच्चाई बिल्कुल उल्टी है।

आज तक दुनिया में जितने युद्ध हुए हैं या हो रहे हैं वे सभी मात्र पुरुषों के अंहकार के कारण हैं। दरअसल, पुरुष इतना अंहकारी होता है कि अपने को श्रेष्ठ साबित करने के लिए पूरी दुनिया को दांव पर लगा सकता है। महाभारत के दुर्योधन से लेकर हिटलर, नेपोलियन, माओत्से तुंग, सद्दाम हुसैन, गद्दाफी आदि सभी अहंकारी इस बीमारी से पीड़ित थे। और इसी बीमारी के कारण लाखों लोगों की मौतें हुईं लेकिन इतिहासकार और धर्मशात्री इन सभी युद्धों के लिए पुरुष की मानसिक बीमारी को जिम्मेदार नहीं मानते। वह तो सीधे यही कहते हैं कि ये सभी युद्ध स्त्रियों के कारण हुए। क्योंकि स्त्री को दोषी करार देने से आसान कुछ भी नहीं।

इसका परिणाम यह हुआ है कि स्त्री स्वयं को अपराधी मानने भी लगी। लम्बे समय की दासता, मस्तिष्क को इस तरह शिक्षित कर देती है कि मनुष्य अपराधी न होते हुए भी स्वंय को अपराधी मानने लगता है। यह एक मनोवैज्ञानिक कारण है।

वहीं पुरुष आज भी अपने किसी भी अपराध को स्वयं की गलती नहीं मानता। यह भी एक मनोवैज्ञानिक कारण है, क्योंकि उसे ऐसा शिक्षित किया गया है कि तुम्हारे सारे अपराधों का कारण स्त्री है। तो पुरुष इस अहंकार के कारण अपराध पर अपराध किए जाता है। पुरुष अपनी पत्नी को गुलाम बनाए रखना, अपना अधिकार समझता है।

आज हम स्त्रियों की आजादी की बात तो करते हैं लेकिन हमारी मानसिकता में कोई बदलाव नहीं है। कोई भी पुरुष अपनी पत्नी को बराबरी का दर्जा नहीं देना चाहता। हर कोई चाहता है कि उसको पत्नी ऐसी मिले जो आज्ञाकारिणी हो, धर्माचारिणी हो और पूर्णतः समर्पित हो, चाहे पुरुष स्वयं में कैसा भी हो? आज भी स्त्रियों के प्रति हमारी सोच "ढोल, गवांर, शूद्र, पशु नारी, सकल ताड़ना के अधिकारी" वाली है। भारत का पुरुष इस मानसिकता से ऊपर उठ ही नहीं पाया। और इसी सोच के कारण आज भी स्त्रियों का शोषण जारी है।

आज भी हम विवाह के पहले लड़की देखने की प्रथा जारी रखे है। हमारा लड़का कैसा है इसकी कोई परवाह नहीं करता, लेकिन बहू सुन्दर और सुशील ही चाहिए। हर कोई ऐसी बहू और पत्नी चाहता है जिसके ऊपर शासन किया जा सके। जिसको अपने इशारे पर नचाया जा सके। जो अपनी स्वतंत्रता की अभिव्यक्ति भी न कर सके। ऐसा विवाह गुलामियत से ज्यादा और कुछ हो ही नहीं सकता। हम आज भी विवाह के द्वारा जीवनसाथी कम, एक गुलाम की आकांक्षा ज्यादा रखते हैं, जो जीवन भर हमारे अहंकार को तृप्त करता रहे।

मैं यह नहीं कह रहा हूँ कि ऐसी मानसिकता मात्र पुरुषों की होती है, यही आकाक्षां एक युवती भी रखती है। एक युवती भी यही चाहती है कि मेरा होने वाला पति मेरे प्रति पूर्णतः समर्पित हो। एक युवती तो यहाँ तक चाहती है कि मेरा पति मेरे अलावा और किसी स्त्री से बातचीत भी न करे। यह गुलाम बनाने की सूक्ष्मतर विधि है। यह बलपूर्वक न सही प्रेमपूर्वक है, लेकिन है तो गुलाम बनाने की ही चेष्टा। कोई बलपूर्वक गुलाम बनाना चाहता है और कोई प्रेमपूर्वक गुलाम बनाना चाहता है, इससे क्या फर्क पड़ता है। ये तो दो अलग-अलग प्रकार की विधियां मात्र हैं, लेकिन उद्देश्य तो एक ही है।

इस प्रकार की आकांक्षा से विवाह मात्र एक मालिक और नौकर के बीच का सम्बन्ध रह जाता है। ऐसे विवाह में एक दूसरे के प्रति समर्पण नाम की कोई चीज नहीं होती। जीवन एक बोझ की तरह ढोए जाने वाला सामान लगने लगता है। वैवाहिक जीवन में आनंद नाम की कोई चीज नहीं रह जाती।

जब भी दो में से कोई भी अपने अहंकार को पोषण देना शुरू कर देगा, गुलामी

की जंजीरे मजबूत होने लगेंगी। किसी को गुलाम बनाने की वृत्ति अंहकार का ही परिणाम होती है। ठीक इसके विपरीत निरअहंकार होने से समर्पण की भावना पैदा होती है। स्वयं के प्रति किसी को समर्पित होने के लिए बाध्य करना तथा स्वयं किसी के प्रति समर्पित होना, ये दोनों अवस्थाएं अंहकार और प्रेम का प्रतिफलन मात्र हैं। पहली अवस्था में अंहकार मजबूत होकर दूसरे को बाध्य करता है और दूसरी अवस्था में अंहकार विसर्जित होकर स्वयं को समर्पित कर देता है।

जब पति और पत्नी में अहंकार विर्सजन की भावना होती है तभी एक-दूसरे के प्रति समर्पण पैदा होता है। पुरानी कहावत है कि ताली एक हाथ से कभी नहीं बजती। यदि कोई चाहे कि स्वयं समर्पित हुए बिना दूसरे से समर्पण प्राप्त कर सकता है, तो वह गलत साबित होगा। क्योंकि मजबूरी में किया गया समर्पण अभिनय से ज्यादा और कुछ हो नहीं सकता। प्रेम की सबसे बड़ी शर्त ही यही होती है कि पहले स्वयं के अंहकार को अर्पण करना पड़ता है, बिना इस आकांक्षा से कि चाहे दूसरा समर्पित हो या नहीं। यदि हमारा समर्पण दूसरे का समर्पण पाने के लिए है, तो यह मात्र चालबाजी होगी। यह प्रेम का व्यापार हो गया। इसमें भी दूसरे को गुलाम बनाने की आकांक्षा मात्र होगी।

टोंकने की आदत से बचें

मैं यह देखता हूँ कि प्रत्येक पति और पत्नी में एक दूसरे के किसी काम में दखल देने की आम आदत होती है। देखा जाए तो वैवाहिक जीवन में यह सबसे बुरी आदत है। यह स्त्री और पुरुष में समान रूप से पाई जाती है। इसके कारण घर में जितना तनाव पैदा होता है शायद ही किसी और कारण से होता हो। यह आदत पहले छोटी-छोटी चीज़ों से शुरू होती है, लेकिन बाद में इतना विकराल रूप धारण कर लेती है कि जीवन नर्क जैसा महसूस होने लगता है। हालांकि हम समझते हैं कि अपनी पत्नी या पति को टोंककर घर-परिवार की भलाई कर रहे हैं, घर को नुकसान से बचाने के लिए एक-दूसरे का मार्गदर्शन कर रहे हैं, लेकिन वास्तव में ऐसा नहीं है।

जहाँ तक मुझे महसूस होता है यह आदत हमारे ज्ञान, हमारी बुद्धिमत्ता और अहंकार के कारण पैदा होती है। हम प्रत्येक चीज़ों को स्वयं के अनुसार होता देखना

चाहते हैं। यह यर्थाथ तथ्य है। हमें दूसरों की चाहत और सपनों से कोई लेना-देना नहीं होता। हमारा ज्ञान हमेशा दूसरों को अज्ञानी साबित करना चाहता है। और इसी ज्ञानरूपी अंहकार के कारण हम इतने अंधे हो जाते हैं कि दूसरों के अस्तित्व का होश ही नहीं रहता। इसलिए ईशावास्य उपनिषद में कहा गया है कि "अज्ञानी तो अंधकार में जीते ही हैं, लेकिन ज्ञानी महाअंधकार में जीते है।" यहाँ ज्ञानी से मतलब तथाकथित ज्ञानियों से है, जैसे हम सब हैं। तथाकथित ज्ञानी का सारा ज्ञान उधार का होता है। उसकी कोई निजी अनुभूति नहीं होती, इसीलिए तथाकथित ज्ञानी को महाअंधकारी कहा गया है। तथाकथित ज्ञानी जितना अंहकार से भरा होता है उतना सामान्य मनुष्य भी नहीं होता। क्योंकि ज्ञानी और अहंकार दोनों एक साथ नहीं हो सकते। यदि कोई व्यक्ति ज्ञानी है तो अंहकारी नहीं होगा और यदि कोई अहंकारी है तो उसे ज्ञानी नहीं कहा जा सकता। वे ऐसे ही हैं कि जैसे एक म्यान में दो तलवारें नहीं हो सकतीं।

तो जब हम अपने पति अथवा पत्नी को टोंकते हैं तो अपनी अज्ञानता के कारण नहीं, बल्कि अपने ज्ञान के कारण। यह अलग बात है कि हम अपने अज्ञान को ज्ञान समझने की भूल कर रहे हैं। हमारी सबसे बड़ी अज्ञानता यही है कि हम दूसरों को अज्ञानी समझते हैं, इससे बड़ी अज्ञानता दूसरी और कोई हो भी नहीं सकती। क्योंकि हम ईश्वर की रचना को चुनौती देने की कोशिश करते हैं, जबकि यह पूर्ण असम्भव है। हम पूरे जीवन भर असम्भव को संभव करने की नाकाम कोशिश में जुटे रहते हैं। हमें यह बात समझ में आती ही नहीं कि ईश्वर कभी भी दो व्यक्तियों को एक जैसे बनाता ही नहीं और इसका सत्यापन फिंगर प्रिन्टस के द्वारा दुनिया में कई वर्षों पहले ही हो चुका है।

जब हाथ की उंगलियों के निशान एक जैसे नहीं हो सकते, तो दो व्यक्तियों के विचार भला एक जैसे कैसे हो सकते हैं? यह छोटी सी बात मनुष्य के समझ में नहीं आती। और मजेदार बात यह है कि हम जीवन भर अपने सारे ज्ञान और तर्क के द्वारा दूसरे को अपने जैसे बनाने की कोशिश में जुटे रहते हैं। मैं मानता हूँ कि प्रत्येक पति-पत्नी के जीवन में इससे बड़ी समस्या कोई और नहीं होती। यही से सारे फसाद की

शुरुआत होती है और यह बीज जब वृक्ष का रूप धारण कर लेता है, तब जीवन में तलाक और तमाम तरह के उपद्रव खड़े हो जाते हैं।

यह दूसरों को अपने जैसे बनाने की कोशिश क्यों पैदा होती है?

जब आप इस सवाल की गहराई में प्रवेश करेंगे तो पाएंगे कि यह आदत स्वयं के ज्ञानी होने के अहंकार के कारण पैदा होती है। जब भी आप किसी की कार्यप्रणाली पर हस्तक्षेप करते हैं तो यह मानकर करते हैं कि दूसरा गलत कर रहा है। और फिर आप उसे वैसे करने की सलाह देने लगते हैं जैसा आपको ठीक लगता दिखाई देता है। फिर चाहे आपकी सलाह का परिणाम सकारात्मक हो या नकारात्मक, आपको इससे कोई फर्क नहीं पड़ता। आपको मात्र अपने अंहकार के अनुसार क्रियान्वयन चाहिए।

इस प्रकार की आदत प्रत्येक पति-पत्नी के जीवन में पाई जाती है। शायद ही कोई ऐसा विवाहित जोड़ा होगा जो इस बुरी आदत का शिकार न हो। इस प्रकार की गतिविधि से मनुष्य को बड़ा रस आता है। हम सब ऐसा करके भीतर ही भीतर अथाह आनंद का अनुभव करते हैं। जबकि आनंद वगैरह कुछ भी नहीं मिलता, सिर्फ खिन्नता ही मिलती है। लेकिन अहंकार के कारण बड़ा रस मालूम पड़ता है। चूंकि हम सबको बचपन में एक शिक्षा दी जाती है कि अपने आप को मजबूत बनाओ, प्रतिस्पर्धा में प्रथम आओ। कमजोर होना असफल मनुष्य की पहचान है। तो हम सब बचपन की इस सीख के कारण जीवन भर एक दूसरे से मजबूत होने की कोशिश में जुटे रहते हैं। यह कोशिश हमारे वैवाहिक जीवन में ताउम्र चलती रहती है। प्रत्येक पति अपनी पत्नी को स्वयं के अनुसार ढालने में जुटा रहता है, वही पत्नी भी अपने पति को स्वयं के अनुसार ढालने में जुटी रहती है। पत्नी भी अपने पति को अपने पल्लू में बांधकर रखने की कोशिश में जुटी रहती है। इसी चाहत के कारण हम एक दूसरे की कार्यशैली और कार्यक्षेत्र में टोंका-टांकी करते रहते हैं। हमारा घर, घर न होकर अखाड़े का मैदान बन जाता है।

दूसरा कारण जीवन में व्याप्त भय होता है। प्रत्येक पति-पत्नी अपने जीवन को

लेकर इतने भयभीत रहते हैं कि एक दूसरे को स्वतंत्रता प्रदान ही नहीं करना चाहते। इसी कारण जीवन में प्रेम का फूल खिल नहीं पाता। दोनों स्वयं को इतना असुरक्षित महसूस करते हैं कि अन्य किसी स्त्री या पुरुष से बातचीत करना भी स्वीकार नहीं कर पाते। यह अलग बात है कि पति में थोड़ा कम भय और पत्नी में ज्यादा होता है, लेकिन होता दोनों में है। पत्नियों में इसलिए ज्यादा होता है, क्योंकि पत्नियां आर्थिक और सामाजिक रूप से स्वतंत्र नहीं होती। चूंकि मनुष्य का जीवन बिना धन के लगभग असंभव जैसा है इसलिए पत्नियों का भयभीत होना लाजिमी है। यदि कोई भी स्त्री आर्थिक रूप से स्वतंत्र होती है तो उसके लिए अकेले जीवन जीना ज्यादा कठिन नहीं है। इस स्थिति में किसी की गुलामी करने की बाध्यता नहीं रह जाती।

जब आप आर्थिक रूप से आत्मनिर्भर होते हैं तो जीवन में अपने अस्तित्व के लिए भयभीत नहीं होते। आपको किसी की परतंत्रता को स्वीकार करने की मजबूरी नहीं रहती। ऐसे में पति-पत्नियों के बीच ज्यादा टोंका टांकी की संभावना नहीं रहती। क्योंकि पति अच्छी तरह से जानता हैं, कि मेरी पत्नी आर्थिक रूप से सबल है। इसलिए मैं उसे गुलाम नहीं बना सकता। तो चाहे पति को मजबूरी में ही सही, लेकिन अपनी पत्नी का सम्मान करना पड़ता है। मानवीय दृष्टि से सम्मान पाना प्रत्येक मनुष्य का अधिकार है।

इस प्रकार की आदत से बचने के लिए जीवन को स्वीकार भाव से जीना पड़ता है। इस जगत में जो जैसा है, उसको उसी रूप में स्वीकार करने की हिम्मत करनी पड़ती है। हम प्रकृति के निरालेपन को नहीं बदल सकते। प्रत्येक व्यक्ति और उसकी सोच बिल्कुल अनूठी होगी। इस अनूठेपन से ही संसार में आकर्षणऔर सौन्दर्य है। इसलिए मैं प्रत्येक वैवाहिक जोड़ों से यही अपील करूँगा कि अपने पति या पत्नी की स्वतंत्रता के सौन्दर्य को स्वीकार करें। क्योंकि स्वतंत्रता में ही प्रेम का आविर्भाव होता है। और प्रेम ही हमारे जीवन की पहली और आखिरी माँग है।

मैं अक्सर देखता रहता हूँ कि अधिकतर पत्नियां अपने पति के टाईम टेबिल को लेकर बहुत टोंका टोंकी करती हैं। पति कितनी देर ऑफिस से बाहर निकलता है, क्या करता है, किससे मिलता है? इस प्रकार की संदेह पत्नी के मन में बनी रहती है। और रही सही कसर आजकल टी.वी. के द्वारा पूरी हो जाती है। अधिकतर पत्नियां

अपने पति के सामाजिक संबंधों को शक के रूप में देखती हैं, जिसके कारण घर में अराजकता का माहौल बना रहता है। यही हाल कुछ पतियों के साथ भी होता है। अपनी पत्नी को किसी से बात करते हुए देखकर ही शक पैदा हो जाता है, कि कहीं मेरी पत्नी के अमुक व्यक्ति के साथ गलत संबंध तो नहीं हैं? इस प्रकार के भय और अविश्वास के कारण टोंकने की आदत लगातार बढ़ती जाती है, जिसके कारण संबंध में दरार पैदा होने की संभावना भी बढ़ती जाती है।

काम-वासना का भरपूर आनंद लें

वैसे तो इस विषय के बारे में ज्यादा कुछ लिखने की जरूरत नहीं है क्योंकि सभी इस विषय से वाकिफ हैं और जीवन में इसका उपयोग करते हैं। लेकिन मुझे इस तथ्य पर कुछ लिखने की आवश्यकता इसलिए महसूस हुई, क्योंकि आज भी कुछ लोग इस विषय को अपवित्र और गैरजरूरी समझते हैं। कुछ गलत धारणाओं के कारण हम कामवासना को अनैतिक तथा अधार्मिक कृत्य मान बैठे हैं। और जब ऐसी धारणा किसी वैवाहिक व्यक्ति की बन जाती है, तब जीवन बिल्कुल नीरस और कलहपूर्ण हो जाता है।

यहाँ में ऐसा इसलिए कह रहा हूँ क्योंकि यह बिल्कुल जरूरी नहीं है कि मैं जिस धारणा को मानता हूँ, वह मेरी पत्नी भी स्वीकार करे अथवा पत्नी जिस धारणा को मानती है उसे मैं स्वीकार करूँ। ऐसा अधिकतर नहीं होता है। खासकर सेक्स के सम्बन्ध में तो नामुकिन सा लगता है। इसका मनोवैज्ञानिक कारण यह है कि पहले तो स्त्री और पुरुष की प्रकृति में ही अन्तर होता है, और दूसरा, दुनिया का प्रत्येक व्यक्ति अपने आप में अनूठा होता है अर्थात भिन्नता प्रकृति का नियम है। इसलिए प्रत्येक व्यक्ति की धारणाएं निश्चित ही अलग-अलग होंगी। विवाह एक ऐसी व्यवस्था है जिसमें दो भिन्न प्रकार के व्यक्ति जुड़ते हैं और मिलजुलकर जीवन को जीने की कसम खाते हैं। इस भिन्नता के कारण ही विवाह को एक सामाजिक समझौता माना गया है। और इस समझौते में दोनों व्यक्तियों को एक-दूसरे की चाहत और आवश्यकता का ध्यान देना प्रमुख नियम माना जाता है, क्योंकि यह एक पक्षीय मामला नहीं है।

अब समस्या तब बड़ी हो जाती है जब किसी वैवाहिक रिश्ते में मामला एकपक्षीय हो जाया करता है, खासकर सेक्स के सम्बन्ध में। ऐसा हो जाने पर वैवाहिक जीवन कलहपूर्ण और तलाक तक में परिवर्तित हो जाने की संभावना पैदा हो जाती है।

तलाक की स्थिति अधिकतर मामलों में अवैध सम्बन्धों के कारण ही पैदा होती है। और अवैध संबंध की शुरुआत पति-पत्नी की सेक्सुअल जिन्दगी के कारण होती है। यदि किसी भी जोड़े में शारीरिक सम्बन्धों में तालमेल ठीक नहीं होता, तो अवैध सम्बन्ध बनने की संभावना बढ़ जाती है। क्योंकि मनुष्य हर कमी को बर्दाश्त कर सकता है, लेकिन सेक्सुअल डिजायर की कमी को बर्दाश्त नहीं कर सकता, चाहे वह स्त्री हो या पुरुष। ऐसा इसलिए होता है कि सेक्स प्राकृतिक घटना है। यह ईश्वर के द्वारा दिया गया उपहार है, इसमें मनुष्य का कोई योगदान नहीं है, इसलिए इसमें आकर्षण भी सबसे ज्यादा है, होगा ही। प्राकृतिक कृत्य होने के कारण मनुष्य जिन्दगी भर इस आकर्षण से पीछा नहीं छुड़ा पाता। और देखा जाए तो पीछा छुड़ाने की जरूरत भी नहीं है क्योंकि यह आकर्षण जैसे आता है वैसे स्वतः चला भी जाता है, बशर्ते इसकी पूरी प्रकृति को समझ लिया जाए अर्थात वैवाहिक जीवन में इसका भरपूर उपयोग किया जाए। क्योंकि यदि ऐसा नहीं किया जाता, तो मरते दम तक व्यक्ति इसकी वासना से पीड़ित रहता है।

यदि कोई पति-पत्नी पूर्ण समर्पण भाव से सेक्सुअल कृत्य में उतरते हैं तो वह ध्यानस्थ हो जाते हैं। उनके धार्मिक होने की संभावना बहुत अधिक हो जाती है। वैसे भी मनुष्य के चारों पुरुषार्थ अर्थ, काम, धर्म और मोक्ष में काम का दूसरा स्थान है। धन सबसे निम्नतर और गौड़ है। तो मनुष्य कामवासना के रहस्य को पूरी तरह जानकर धर्म के क्षेत्र में कदम रख रखता है। इसलिए सेक्स कोई अधार्मिक कृत्य नहीं है, यह तो धर्म के क्षेत्र में प्रवेश करने की पहली सीढ़ी है।

यहाँ मैं ऐसा इसलिए कह रहा हूँ, क्योंकि प्रेम की उत्पत्ति काम के आधार पर ही होती है। एक स्त्री और पुरुष के बीच प्रेम, कामवासना के आकर्षणके कारण ही पैदा होता है और यही प्रेम जब विस्तृत हो जाता है तो समृष्टि के प्रति हो जाता है। और समृष्टि के प्रति प्रेम ही धर्म है। धर्म कोई वस्तु नहीं है, जिसे हम हासिल कर सकते हैं। यह तो एक अनुभूति है और यह अनुभूति प्रेम के बिना असंभव है।

लेकिन हमारे देश में इस ईश्वर प्रदत ऊर्जा को इतना निन्दित किया गया कि लोग वैवाहिक जीवन में भी इसको पाप समझते हैं, खासकर स्त्रियां। आज भी हमारे देश की कुछ महिलाएं विवाहित होते हुए भी सेक्स को अत्यन्त घृणित कर्म समझती हैं। जिसका परिणाम यह होता है कि पति अवैध सम्बन्ध बनाने में मजबूर हो जाता है और यहीं से वैवाहिक जीवन में दरार पड़नी शुरू हो जाती है। ठीक ऐसा कुछ पुरुषों के साथ भी होता है। जो पुरुष धार्मिक क्रिया-कलापों में ज्यादा लिप्त हो जाते हैं और सेक्स को धर्म के खिलाफ खड़ा कर लेते हैं, ऐसे लोग पत्नी के पास जाना भी अनैतिक मानते हैं। इसका भी परिणाम यह होता है कि इनकी पत्नी अपनी कामवासना को शांत करने के लिए अवैध सम्बन्ध बनाने के लिए मजबूर हो जाती है। इसमें स्त्री की कोई गलती नहीं है। क्योंकि सेक्स तो मनुष्य की आवश्यक माँग है। जिस तरह हमें जीने के लिये भोजन और नींद की आवश्यकता पड़ती है, ठीक वैसे ही सेक्स की आवश्यकता महसूस होती है। चूंकि यह एक प्राकृतिक प्रक्रिया है, इसलिए इससे बचना लगभग असंभव है। और यदि इससे बचने की कोशिश की जाती है अर्थात दबाने की कोशिश की जाती है, परिणाम बहुत भयंकर होते हैं।

मैं ऐसा इसीलिए कह रहा हूँ कि जब भी कोई प्राकृतिक प्रक्रिया मनुष्य के द्वारा बाधित की जाती है तब परिणामस्वरूप जो घटना घटती है, वह मनुष्य के लिए अत्यन्त नुकसानदायक साबित होती है। आज जो दुनियां का तापमान बढ़ रहा है जिसे ग्लोवल वार्मिंग कहते हैं, यह प्रकृति से छेड़छाड़ का ही परिणाम है। आज दुनिया में जिस तरह से पेड़ों की अंधाधुंध कटाई चल रही है प्रकृति को असंतुलित किया जा रहा है, ग्लोवल वार्मिंग इसी अंसतुलन का परिणाम है। विज्ञान जितना ज्यादा तरक्की करता जाएगा, उसी अनुपात में प्रकृति असंतुलित होती चली जाएगी और मनुष्य जाति को इसके परिणाम भुगतने ही होंगे।

आज दुनिया में बलात्कार, सेक्सुअल हारसमेंट, बलात्कार के बाद हत्या आदि की जो घटनाएँ हो रही हैं, ये सब सेक्स की कीमियां को न समझने के कारण ही घट रही हैं। सेक्स जैसी ऊर्जा को हजारों वर्षों से इतना दबाया गया कि मनुष्य उसका रूपांतरण तो नहीं कर सका, वरन् और ज्यादा कामुक हो गया। यदि आज हम विज्ञान की भाषा में कहें तो यह कह सकते हैं कि किसी भी ऊर्जा को नष्ट नहीं किया जा

सकता, उसको केवल रूपातंरित किया जा सकता है। लेकिन मनुष्य जाति ने हजारों वर्षों से इस ऊर्जा को दमन करके समाप्त करने की कोशिश की, लेकिन परिणाम उल्टा हुआ। सेक्स दुनिया से समाप्त तो नहीं हुआ, बल्कि कई गुना बढ़कर मनुष्य के जीवन में छा गया। और इसका परिणाम हम सब रोज अखबार, टी.वी. पर देखते ही हैं।

इसलिए मैं इस निष्कर्ष पर पहुंचा हूँ कि आज जो वैवाहिक जीवन में अवैध सम्बन्धों की भरमार हो गई है, वह सेक्स का दमन और घृणित समझने के कारण हो गई है। और ध्यान रहे कि घृणा के द्वारा कभी प्रेम का जन्म नहीं होता। प्रेम का जन्म तो प्रेम के द्वारा ही संभव हो पाएगा। जब हम सेक्स को प्रेमपूर्वक स्वीकार कर पाएंगे तभी हमारे विवाहित जीवन में प्रेम का कमल खिल सकेगा। क्योंकि दमन के द्वारा कभी भी किसी तथ्य से पूर्णतः मुक्त नहीं हुआ जा सकता।

दुनिया की जिन सभ्यताओं में किसी भी धारणावश सेक्स का दमन किया गया, आज वहीं सबसे ज्यादा सेक्स का विनाशकारी रूप देखने को मिल रहा है। दुर्भाग्यवश हमारा देश भी एक ऐसी सभ्यता से ताल्लुक रखता है।

हमारे देश में कामवासना को छुपाने के लिए सबसे ज्यादा कोशिश की गई। पुराने से पुराने धार्मिक ग्रन्थों से लेकर आधुनिक साहित्य तक सेक्स को छुपाने की कोशिश जारी रही। लेकिन परिणाम बिल्कुल उल्टा हुआ। आज हमारे देश से ज्यादा कामुक लोग दुनिया के किसी देश में नहीं है। आंकड़े बताते हैं कि पूरी दुनिया में सबसे ज्यादा अश्लील फिल्में, अश्लील सामग्री भारत में देखी और पढ़ी जाती हैं। आज हमारे देश के युवा इंटरनेट पर सबसे ज्यादा अश्लील फिल्में ही देखते हैं। पूरे मोबाइल और इंटरनेट का कारोबार ही सेक्स पर निर्भर है। यह सब कुछ हमारी धार्मिक व्यवस्था का ही परिणाम है।

हमारे पुराने ग्रन्थ यह बताते हैं कि जब देवर्षि नारद और ब्रह्मर्षि विश्वामित्र काम के प्रभाव से नहीं बच पाए, तो आम लोगों को बचाने की कोशिश क्यों की गई? क्या इसलिए कि लोग नारद और विश्वामित्र जैसे ही न फँस जाए? अखिर इस स्वाभाविक क्रिया को दबाने की क्या जरूरत थी? मुझे यह आज तक समझ में नहीं आया। हो सकता है लोग प्रकृति को जीतने की कोशिश कर रहे होंगे।

आज हमारे देश में जितने बलात्कार, बलात्कार के बाद हत्याएं, और स्त्रियों

की असुरक्षा को देखकर क्या यह लगता है कि हमारा देश एक आध्यात्मिक देश है? जहाँ चारो तरफ लोग स्त्रियों की अस्मत लूटने के लिए चौबीस घंटे तैयार बैठे हैं। क्या यही धार्मिक होने का लक्षण है? नहीं। यह सब महान नास्तिकता का परिचायक है। और इसके जिम्मेंदार वो लोग हैं जिन्होंने सेक्स जैसी प्राकृतिक ऊर्जा को दबाने के लिए पुरजोर वकालत की।

और सबसे बड़ी विचित्र घटना तो यह है कि पति-पत्नी भी सेक्स को गलत क्रिया कलाप मानते हैं। आपस में कामवासना को करना पाप समझते हैं और दूसरी तरफ दूसरे लोगों से कामुक सम्बन्ध स्थापित करते हैं। यह कितना विचित्र लगता है कि एक विवाहित पुरुष और एक विवाहित स्त्री अपने जीवनसाथी के अलावा दूसरों से शारीरिक सम्बन्ध स्थापित करते हैं। कम से कम हमारे देश में तो ऐसा नहीं होना चाहिए, क्योंकि हम लोग अध्यात्मिक देश के नागरिक हैं, लेकिन यहाँ भी सब कुछ हो रहा है। इस सम्बन्ध में यदि ऐसा कहा जाए कि यह सब कुछ मोबाइल, इंटरनेट, टीवी, सिनेमा, तथा यौन उन्मुक्तता के कारण हो रहा है, तो ऐसा नहीं है। क्योंकि अवैध संबंध आज से सौ पचास साल पहले भी हमारे देश में होते थे। जब ये सब कुछ नहीं था, तो अवैध संबंध तो होने ही नहीं चाहिए थे, लेकिन तब भी होते थे। इसका मतलब यह हुआ कि ये हमारी बीमार मानसिकता के कारण होते हैं। और बीमारी क्या है? बीमारी है, हमारी अधूरी अतृप्त कामवासना।

जब एक पति अपनी पत्नी से तृप्त नहीं हो पाता तो दूसरी स्त्री की तरफ आर्कषित होता है, सोचता है यहाँ तृप्ति मिल जायेगी। ठीक यही स्थिति स्त्री की भी होती है, लेकिन ऐसा नहीं होता। तो फिर तीसरी स्त्री की तलाश में जुट जाता है और यह सिलसिला जीवन पर्यन्त चलता रहता है, लेकिन बीमारी समाप्त नहीं होती। दरअसल, जब किसी व्यक्ति को भटकने की आदत पड़ जाती है तो वह जीवन भर भटकता रहता रहता है। लेकिन भटकाव से कभी सीख नहीं लेता। चाहे वह अध्यात्मिक पथ पर चलने वाला खोजी हो या कामुक व्यक्ति।

जब तक हमारे भीतर किसी के प्रति समर्पण का भाव पैदा नहीं होता तब तक भटकाव चलता ही रहता है, फिर चाहे वह पति हो, पत्नी हो या कोई शिष्य हो। क्योंकि समर्पण के बिना प्रेम का होना असंभव है। इसलिए मेरी धारणा में अवैध

सम्बन्ध सेक्स की कमी के कारण कम, समर्पण की कमी के कारण ज्यादा बनते हैं और प्रेम, समर्पण का ही परिणाम होता है। जब कोई पुरुष अपनी पत्नी के प्रति पूर्णतः समर्पित नहीं होता, तो वह अतृप्ति का ही अनुभव करता है। क्योंकि उसके हृदय में प्रेम का कमल खिल ही नहीं सकता। ठीक यहीं स्थिति स्त्री के साथ भी लागू होती है। जो लोग समझते हैं कि मेरा अवैध सम्बन्ध बनाना मेरी मजबूरी है, क्योंकि मेरी पत्नी अथवा मेरा पति मुझसे प्रेम नहीं करता, तो वो गलत समझते हैं। क्योंकि सच्चाई बिल्कुल उल्टी है। दरअसल, जो व्यक्ति अपनी पत्नी के अतिरिक्त किसी और से सम्बन्ध बनाता है वो खुद अपनी पत्नी से प्यार नहीं करता। क्योंकि यदि वह पत्नी से प्रेम करेगा तो उसे किसी के पास जाने की जरूरत ही नहीं महसूस होगी। और प्रेम क्यों नहीं कर पाता? क्योंकि समर्पित नहीं होता। यही मनुष्य की सबसे बड़ी बीमारी है।

इस बीमारी का एक प्रमुख बीज होता है, और वह बीज है मनुष्य का अंहकार। अंहकार मनुष्य की समस्त बीमारियों की जड़ है। अंहकार ही सभी प्रकार के दुखों का मूल है। और हमारे यहाँ पुरुष को अहंकारी बनाने की शिक्षा दी जाती रही है कि पति परमेश्वर है। एक विवाहित पुरुष का इससे बड़ा अहंकार और क्या हो सकता है? वह साक्षात् परमेश्वर है। और यदि वह परमेश्वर है तो अपनी पत्नी के साथ कैसा भी व्यवहार कर सकता है। परमेश्वर का अर्थ होता है मालिक। हम बोलने की भाषा में ईश्वर को मालिक भी कहते हैं न! और मालिक का यह अधिकार होता है कि वह अपने नौकरों के साथ कैसा भी सलूक कर सकता है। तो हमारे देश का पुरुष अपनी पत्नी के साथ किसी भी तरह का व्यवहार करने के लिए स्वतंत्र है। और यदि यह मान भी लिया जाए कि पति में परमेश्वर है तो पति में परमेश्वर जैसा गुण भी तो होना चाहिए, पता चले पति महोदय रात को मदिरा पीकर घर लौटे हैं और छोटी सी बात पर पत्नी की पिटाई कर रहे हैं। अब ऐसे पति को कौन स्त्री परमेश्वर मानेगी? और मानना भी नहीं चाहिए क्योंकि पति-पत्नी का सम्बन्ध तो बराबर का सम्बन्ध है।

यदि यह माना जाए कि स्त्री ज्यादा भावपूर्ण, करुणापूर्ण हृदय वाली होती है, इसलिए समर्पण के दृष्टि से ज्यादा उचित होगी, इसलिए पति को परमेश्वर कहा गया। क्योंकि दोनों में से पहले किसी को तो समर्पित होना ही पड़ेगा। या शायद इसीलिए परमेश्वर कहा गया होगा कि पुरुष धनोपार्जन करता था और स्त्री घर संभालती थी।

अब जो धनोपार्जन कर रहा है वह मालिक हो गया, क्योंकि स्त्री का भरण पोषण कर रहा है। यहाँ स्त्री की जिम्मेदारी को कोई मूल्य नहीं दिया गया। घर-परिवार की जिम्मेदारी भी कोई जिम्मेदारी है? यहीं से स्त्री को नगण्य तथा कमजोर कर दिया गया।

इस दर्शन का प्रभाव पुरुषों पर बिल्कुल उल्टा हुआ। पुरुष पहले से और ज्यादा अंहकारी हो गया। और इसी अहंकार के कारण दुनिया का वैवाहिक जीवन छिन्न-भिन्न हो गया। मेरी दृष्टि में तो पति को परमेश्वर के बजाय ''स्त्री परमेश्वर है'' का दर्शन विकसित किया जाता तो ज्यादा उचित होता। क्योंकि पुरुष को अंहकार विसर्जन का मौका मिलता और स्त्री व पुरुष दोनों एक ही तल पर आ जाते, जिसका परिणाम यह होता कि विवाहित जीवन प्रेमपूर्ण और संतुलित होता।

इन सभी बातों का सारांश यह हुआ कि प्रत्येक विवाहित स्त्री और पुरुष को पुरातन परम्पराओं को त्याग कर वर्तमान परिस्थितियों के अनुसार जीवन जीने की कोशिश करनी चाहिए। कामवासना के प्रति नकारात्मक विचारों को त्याग कर इसका भरपूर आनंद लेना चाहिए। प्रत्येक स्त्री और पुरुष को अपने जीवनसाथी के प्रति पूर्ण समर्पण भाव से समर्पित होने की कोशिश करनी चाहिए, क्योंकि समर्पण ही वह तत्व है जिसके द्वारा आनन्द, प्रेम और सत्य की अनुभूति हो पाती है।

❒

वर्तमान में जीना

वक्त के साथ चलना ही जीवन है

कहा जाता है कि जीवन संघर्ष का दूसरा नाम है। यह काफी हद तक सच है। हमारा पूरा जीवन ही संघर्ष करते बीतता है। जीवन का हरेक पल किसी न किसी तरह संघर्ष करते ही गुजरता है। लेकिन कुछ परेशानियां ऐसी होती हैं, जिन्हें हमेशा हम स्वयं निर्मित करते हैं। हम कभी भी एक पल सोचकर यह समझने की कोशिश नहीं करते कि उक्त परेशानी स्वयं मेरे द्वारा निर्मित है। ऐसी ही एक परेशानी या संघर्ष का नाम है, परिवारिक कलह। पारिवारिक कलह आज हमारे जीवन की प्रमुख समस्या बन गई है। यह किसी विशेष वर्ग में ही नहीं, बल्कि हर समाज, हर धर्म और हर जाति में है। आज चाहे वह अमीर परिवार हो या मध्यम परिवार हो अथवा गरीब परिवार हो, हर कहीं यह समस्या देखने को मिलती है।

पारिवारिक कलह अधिकतर दो पीढ़ियों के बीच ही देखने को मिलती है। चाहे वह पिता-पुत्र के बीच हो, सास-बहु के बीच हो अथवा माँ-बेटी के बीच हो। इसमें सबसे ज्यादा सास-बहू के बीच होने वाली कलह के कारण परिवार का वातावरण अत्यधिक तनावपूर्ण रहता है। शायद इस कारण कि बहू पराए घर की लड़की होती है। और उसे कोई भी स्त्री अपनी बेटी के बराबर प्यार, अधिकार, सम्मान नहीं दे पाती।

जहां तक मुझे समझ में आता है कि इन पीढ़ियों के बीच जो कलहपूर्ण माहौल पैदा होता है, उसका सबसे मुख्य कारण समय का परिवर्तन होता है। एक पिता-पुत्र,

सास-बहू अथवा माँ-बेटी के बीच लगभग पच्चीस से तीस वर्ष का अन्तर होता है। यही अन्तर पूरी समस्या को पैदा करता है।

अब चूंकि समय तो परिवर्तनशील है। पच्चीस से तीस साल के बीच में दुनिया का पूरा माहौल ही बदल जाता है। जो आज संसार का माहौल है वह तीस साल पहले नहीं था। और जो आज है, वह भी तीस बाद पूरा का पूरा बदल जाएगा। समय की गति को कोई नहीं रोक पाया है। हमारी मनुष्य जाति की आदिकाल से यह प्रवृत्ति रही है कि हमेशा कुछ न कुछ नया होना चाहिए। कभी हम पत्थर से आग जलाते थे, आज लाइटर मौजूद है। तो यह जो परिवर्तन है, वह हमारी दो पाढ़ियों के बीच तालमेल नहीं बनने देता।

तो अब सबसे विचारशील तथ्य यह है कि ऐसा क्या होना चाहिए, जो दो पीढ़ियो के अंतराल के बीच में तालमेल बना सके। देखिए, समय को पीछे नहीं ले जाया जा सकता। वह तो अपनी गति से चलेगा। युवा पीढ़ी हमेशा समय के साथ गतिशील रहना चाहती है। फिर चाहे वह घर का बेटा हो या बेटी हो अथवा बहू हो। समय के साथ चलना जरूरत भी कह सकते हैं या मजबूरी भी हो सकती है। हमारे बुजुर्ग अपने युवाकाल की दुहाई देते हैं कि हमारे जमाने में ऐसा नहीं था, अब यहीं से विचारों का टकराव शुरू हो जाता है। घर की हर छोटी-छोटी बातों में विवाद होता है। सब अपने-अपने अंहकार में जीते हैं।

अब युवा वर्ग चाहते हुए भी अपने आप को वक्त से पीछे नहीं ले जा सकता। क्योंकि उसे अपने मित्रों, सहयोगियों से पीछे होने का खतरा है। यदि युवा समय के साथ जीवन नहीं जी रहा है तो हर कदम पर उसे हार का शिकार होना पड़ेगा। यह हम सब देखते हैं कि तीस साल क्या पिछले दस साल में ही दुनिया बदल गई। चाहे रहन-सहन हो, खान-पान हो, भाषा हो, शिक्षा हो, मनोरंजन के साधन हों। सब कुछ नया हो गया है।

आज हर बच्चे के हाथ में मोबाइल है। लोग चारों तरफ अंग्रेजी बोल रहे हैं। हिन्दी माध्यम के सभी स्कूल लगभग बन्द होने के कगार पर हैं। हमारा सारा देश अंग्रेजीमय हो गया है। लड़कियां सलवार कमीज के स्थान पर जींस पैंट-टी शर्ट पहन रही हैं। खान-पान

में समोसा-कचोरी की जगह पिज्जा, बर्गर, चाउमीन, पास्ता, मोमोस, फिंगर चिप्स आ गया हैं। जो कि आज से बीस-तीस साल पहले कुछ नहीं था।

परिस्थति यह है कि समय पीछे जा नहीं सकता। युवा वर्ग अपना जीवन समय के अनुसार जीना चाहता है, तो बदलने की गुंजाइश सिर्फ बुजुर्गों में ही रह जाती है। यदि हमारे बड़े बुजुर्ग थोड़ा भी इस समय परिवर्तन को स्वीकार कर अपने आप को बदलने की कोशिश करें, तो मैं समझता हूँ कि समस्या निश्चित रूप से कुछ तो कम हो जाएगी। देखा भी गया है कि जिस परिवार में बड़े, युवाओं से तालमेल बनाकर परिवार को संचालित करते हैं, वहां पर समस्या न के बराबर रहती है। ऐसे संयुक्त परिवारों में कलहपूर्ण वातावरण नहीं रहता। हमारा शास्त्र भी कहता है कि मनुष्य को समयानुसार ही जीवन जीना चाहिए। जो समय परिवर्तन को नहीं स्वीकार करता, उसकी हालत डायनासोर जैसी हो जाती है। डायनासोर लाखों साल पहले दुनिया के सबसे बड़े प्राणी थे, लेकिन परिवर्तन के कारण आज दुनिया से विलुप्त हो गए।

अब हम सास-बहू के परिपेक्ष्य में विचार करें तो देखने को यह मिलता है कि हर घर में लड़की को जो आजादी, जो अधिकार, जो सम्मान मिलता है, वह बहू को कभी नहीं मिलता। लड़की कुछ भी पहनती है, कुछ भी करती है, माँ को सब स्वीकार होता है। यदि वही रहन-सहन बहू अपनाती है तो किसी भी सास-ससुर को बर्दाश्त नहीं होता। यहाँ पर घर की इज्जत डूबने लगती है। जिस दिन हम सब अपनी बहू को बेटी के बराबर अधिकार, प्यार और सम्मान देने लगेंगे तो यह समस्या पूरी तरह समाप्त जाएगी। काश! ऐसा हो पाए।

हमें दो पीढ़ियों के बीच जो परिवर्तन रूपी असंतुलन होता है, उसे संतुलित करना होगा। यह विचार बड़े-बुजुर्गों को करना होगा और उसे जीवन में उतारना होगा।

समय का संतुलन

इस संसार में कोई भी व्यक्ति हो, वह चाहे सफल हो, असफल हो, सबको पूरे दिन में चौबीस घंटे ही मिलते हैं। किसी को एक पल भी ज्यादा नहीं मिलता। दुनिया का सबसे अमीर व्यक्ति भी इन चौबीस घंटों से गुजरता है और एक भिखारी को भी चौबीस घंटे ही मिलते हैं। लेकिन सबसे महत्वपूर्ण यह होता है कि आपके चौबीस

घंटे कैसे गुजर रहे हैं? गुजर रहे एक-एक पल का आप सदुपयोग कर रहे हैं या सिर्फ एक-एक पल करके आपके पूरे चौबीस घंटे यूं ही बेकार में गुजर जाते हैं। और जब पूरा दिन बीत जाता है, तब आपके पास पछतावे के अलावा कुछ भी नहीं रह पाता।

ऐसा अधिकतर व्यक्तियों के साथ रोज होता है। क्योंकि हम अपने गुजर रहे पलों का मूल्य नहीं समझते। तभी तो अधिकतर व्यक्ति बेकार की गपशप में अपना समय व्यतीत करते हैं। कुछ लोग अपना समय व्यतीत करने के लिए मोबाइल में गेम खेलते रहते हैं। तो कुछ लोग कम्प्यूटर का सहारा लेते हैं। ऐसे बहुत सारे लोग आपको मिल जाएंगे जो बिना मतलब ही अपने आपको व्यस्त रखते हैं, जिसका कोई अर्थ नहीं होता। यदि ऐसे लोगों से आप पूछे कि वो क्या कर रहे हैं? तो रटा-रटाया एक ही जबाब मिलेगा, कुछ नहीं यार टाइम पास कर रहे हैं।

अब आप ही सोचिए कि क्या टाइम पास करने वाला व्यक्ति कभी धनवान हो सकता है? ज्ञानवान हो सकता है? या जीवन में किसी तरह के सुख को प्राप्त कर सकता है? आपका जवाब होगा, नहीं।

क्योंकि आज तक संसार में कोई ऐसा व्यक्ति नहीं हुआ जो समय का मूल्य चुकाए बिना ही कुछ हासिल किया हो। यह तो निश्चित है कि कुछ पाने के लिए कुछ खोना भी पड़ता है। तो जो व्यक्ति अपने पूरे दिन को योजनाबद्ध तरीके से जीता है, वही संसार में सब कुछ हासिल करने में समर्थ हो पाता है।

तो अब सवाल यह पैदा होता है कि हर कोई समय का सदुपयोग करने में समर्थ क्यों नहीं हो पाता? तो इसका आसान सा जवाब है, आलस्य।

भारतीय शास्त्रों में भी मनुष्य का सबसे बड़ा दुश्मन आलस्य को ही बताया गया है। हम लोग अधिकतर किसी भी कार्य को समयानुसार नहीं करते। आज का कार्य, कल में टालने की आदत सी बनी हुई है। यह जो टाल मटोल की आदत होती है, जीवन में सबसे बुरी आदतों में से एक है। हम सभी जानते हैं कि कल कभी नहीं आता। आने वाला कल हमेशा वर्तमान में बदल जाता है।

इसलिए कबीरदास जी ने कहा है:-

काल करे सो आज कर, आज करे सो अब,
पल में परलै होएगी, बहुरि करेगा कब।

हमें इस नसीहत को अपने दैनिक जीवन में उतारना होगा, तभी हम अपने जीवन के अमूल्य समय का सदुपयोग कर पाएंगे।

यह तो निश्चित है कि ईश्वर सबको समर्थवान बना कर ही भेजता है। वह किसी के साथ अन्याय नहीं करता। अन्याय करते हैं, तो हम स्वयं के साथ। हम अपने ही कारण दुख, गरीबी और बेकारी में जीवन जीते हैं। ईश्वर सबको वही शरीर देता है। बस उपयोगिता के कारण कोई अरबपति होता है, तो कोई दो वक्त की रोटी के लिए भी मोहताज होता है।

समय का सदुपयोग ही व्यक्ति को सबल बनाता है।

किसी ने कहा है कि धन बर्बाद होने से कुछ भी बर्बाद नहीं होता, लेकिन समय बर्बाद होने से जीवन का एक हिस्सा बर्बाद हो जाता है।

यह बात बिल्कुल सच है। हम लोग जिस पल का सदुपयोग नहीं कर पाते, उस पल को जीने से वंचित रह जाते हैं। मनुष्य का सम्पूर्ण आनंद ही वर्तमान को जीने में है। जीने से तात्पर्य समय का ऐसा उपयोग, जो स्वयं को आनन्द प्रदान कर सके और दूसरों को स्वयं के द्वारा कष्ट भी न हो तथा समय बीत जाने के बाद पछतावा भी न हो।

देखा जाए तो हम समय का सदुपयोग करें या टाइम पास करें, समय तो अपनी रफ्तार से ही चलेगा। इस संसार को आपसे कुछ लेना-देना नहीं है। यदि आप कुछ अच्छा करते हैं तो अपने लिए और बुरा करते है तो अपने लिए। लेकिन यह तो निश्चित है कि जब आप कुछ अच्छा करते हैं तो सारी दुनिया आपके साथ होती है। और बुरा करने पर दूर-दूर तक आपको कोई दिखाई नहीं देगा। फैसला आपके ऊपर है, आपको करना क्या है?

संसार में कोई भी वस्तु एक बार खो जाने के बाद दोबारा मिल भी सकती है, लेकिन समय एक ऐसा धन है जो एक बार खो जाने के बाद दोबारा किसी भी कीमत में वापस नहीं मिल सकता। फिर चाहे आप कितनी बड़ी कीमत देने के लिए तैयार क्यों न हों। इसलिए समय को सबसे बड़ा धन माना गया है। जो लोग समय का उचित उपयोग करते हैं, वही धनवान होते हैं, वही शक्तिशाली होते हैं, वही समर्थवान होते हैं।

धनवान होने के लिए मशहूर उद्योगपति धीरूभाई अंबानी का फार्मूला रहा है।

TIME+MIND = MONEY

सही समय पर उचित दिशा में प्रयोग किया गया दिमाग ही मनुष्य को धनवान बनाता है।

अब सवाल यह उठता है कि हम अपने समय का सदुपयोग कैसे करें?

तो सीधा सा जवाब है कि जो व्यक्ति स्वयं के प्रति जागृत होता है, जिसे पल-पल का होश रहता है, जो होशपूर्वक जीवन जीता है, वही जीवन में समय का सदुपयोग कर पाता है। जिसके पास जीवन का निश्चित उद्देश्य होता है। उद्देश्य विहीन व्यक्ति सारा जीवन (टाइम पास) करने में व्यतीत कर देता है। जिसकी निश्चित दिनचर्या होती है, जो अपने चौबीस घंटो को योजनाबद्ध तरीके से जीने की व्यवस्था बनाने में समर्थ होता है, वही आनन्दित होता है।

समय का सदुपयोग क्यों आवश्यक है

1. *समय संसार में सबसे मूल्यवान वस्तु है।*
2. *समय बीत जाने के बाद सिर्फ पछतावा ही हाथ लगता है।*
3. *आप समय के सदुपयोग से धनवान होते हैं।*
4. *आप व्यर्थ के विवादों से बच सकते हैं।*
5. *आप जो चाहते हैं वह सब कुछ मिलेगा, बशर्ते शुरुआत करनी होगी।*
6. *आप व्यस्त रहेंगे और व्यस्त रहना ही वर्तमान में जीना है। वर्तमान में जीना ही आनन्द है।*
7. *समय के दुरुपयोग से आर्थिक हानि उठानी पड़ सकती है।*
8. *जीवन में लयबद्धता बनी रहती है।*
9. *आपकी दिनचर्या व्यवस्थित रहती है।*
10. *प्रत्येक कार्य समय से पूरे होंगे, भागमभाग की स्थिति नहीं रहेगी।*

समय का सदुपयोग कैसे करें।

1. *जीवन में सकरात्मक उद्देश्य बनाए।*
2. *अपने उद्देश्य के लिए प्रत्येक पल जागृत रहें।*
3. *जागरण के लिए खुद का अध्ययन करें, ध्यान करें।*
4. *प्रत्येक दिन, पूरे दिन के लिए नियमित, योजनाबद्ध दिनचर्या बनाए।*
5. *घर हो या ऑफिस, सभी आवश्यक चीज़ों को व्यवस्थित रखें, ताकि समय बर्बाद न हो।*
6. *फुर्सत के क्षणों में पुस्तकों का अध्यन करें व संगीत सुनें।*
7. *शारीरिक और मानसिक ऊर्जा के लिए उचित खानपान व भरपूर नींद लें।*
8. *अपना नजरिया सकारात्मक रखें।*
9. *अपने उद्देश्य के प्रति पूर्णतः समर्पित रहें।*
10. *छोटी-छोटी असफलताओं से विचलित न हों, असफलता ही सफलता का द्वार है।*

रात को सोने से पहले पूरे दिन की समीक्षा करें

जब हम इस तरह से पूरे दिन का निरीक्षण करते हैं तो हमें पता चलता है कि आज हमने क्या किया? किस तरह से अपने अमूल्य चौबीस घटों को बिताया। कितना अच्छा किया, कितना बुरा किया। जब इस प्रक्रिया को रोज अपनाते हैं तो यह हमारी आदत बन जाती है। यही आदत हमारी दिनचर्या को व्यवस्थित तरीके से क्रियान्वित करने में मदद करती है।

स्वयं के द्वारा की गई समीक्षा ही हमारे जीवन को उन्नत और उत्कृष्ट बना सकती है। दुनिया का कोई भी गुरु हमारे बारे में उतना नहीं जान सकता, जितना हम स्वयं के बारे में जानते हैं। इसलिए स्वयं को ही गुरु बनाना चाहिए। क्योंकि स्वयं से बड़ा अध्यात्मिक गुरु कोई नहीं हो सकता। हम किसी के बारे में कैसी सोच रखते हैं, हमारे जीवन का क्या नजरिया है, हमारे जीने का कैसा ढंग है, इन सब पहलुओं के बारे में हमसे ज्यादा कौन जान सकेगा? बस जरूरत है तो ठीक-ठीक समीक्षा करने की।

लेकिन होता क्या है कि हम लोग अधिकतर अपने अच्छे कार्यों की तो विवेचना करते हैं और बुरे किए गए कार्यों के बारे में सोचते तक नहीं। जबकि सबसे ज्यादा बुरे कामों की विवेचना करनी चाहिए। तभी हमारे भीतर की बुराई खत्म हो सकती है।

इसी प्रकार दिनचर्या की समीक्षा करते समय हमें यह ध्यान देना होगा कि हमारा कितना समय बेकार व्यतीत हुआ, कितना अच्छा। हम अच्छे पलों की तो गणना करते हैं कि आज हमने बहुत अच्छे कार्य किए, आज समय का सदुपयोग किया, लेकिन बेकार में बीते हुए पलों को याद भी नहीं रखते। हमें सकरात्मक और नकारात्मक दोनों पक्षों को ध्यान में रखना होगा, तभी समीक्षा का पूरा-पूरा लाभ मिलेगा।

पूरे दिन की समीक्षा कैसे करें?

समीक्षा के लिए पूरी सूची बनाएं

सकारात्मक पक्ष	**नकारात्मक पक्ष**
1. दिन के कितने समय का सदुपयोग हुआ।	1. दिन का कितना समय बेकार गया।
2. कितने लोगों के साथ सहयोग किया।	2. कितने व्यक्तियों के प्रति नकरात्मक रवैया रहा।
3. निर्धारित लक्ष्य के लिए कितना योगदान दिया।	3. क्या मेरा दिन तनावपूर्वक बीता।
4. कितने समय तक अच्छा महसूस किया।	4. मैंने कितनी बार क्रोध किया।
5. निर्धारित दिनचर्या का पालन हुआ या नहीं।	5. क्या मुझे किसी कार्य के लिए पछताना पड़ रहा है?
6. जो कार्य करने थे, हुए या नहीं।	6. कितना काम शेष रह गया।
7. मेरा परिवार मेरे रवैये से खुश रहा या नहीं।	7. आज कितने लोगों को दुखी किया।

स्वयं की समीक्षा से लाभ

1. हम समय के दुरुपयोग से बच सकते हैं।
2. हमारे निर्धारित उद्देश्य समय से पूरे हो सकेंगे।
3. अनुशासन का पालन करने में सक्षम होंगे।
4. हम स्वयं को और परिवार को खुश रख सकेंगे।
5. हम जीवन में तनाव कम कर सकते हैं।
6. लोगों से संबंध मैत्रीपूर्ण बने रहेंगे।
7. हमें स्वयं को समझने का मौका मिलता है।
8. हम क्रोध पर काबू पा सकते हैं।
9. हमें अपनी कमियों का एहसास होता है।
10. हम गलितयों से बच सकते हैं।
11. हमारे भीतर जागरूकता पैदा होती है।
12. जीवन ज्यादा प्रेमपूर्ण हो सकता है।
13. हमारी निर्धारित दिनचर्या अव्यवस्थित नहीं होगी।

बीते हुए कल से सबक सीखें

जीवन में आत्म-सुधार के लिए इससे बढ़िया कोई दवा नहीं है। आत्मनिरीक्षण करने के लिए हम सबको इस पद्धिति को अपनाना चाहिए। क्योंकि हमारे जीवन को हमसे ज्यादा कोई जान ही नहीं सकता। हमने अतीत में क्या अच्छा किया, क्या बुरा किया, यह तो हम ही जान सकते हैं। संसार तो हमारा बाहरी आवरण देखता है, भीतर की खोल के बारे में तो हमें ही पता होता है।

जीवन को शिखर की ओर ले जाने के लिए स्वयं का सहारा लेना अधिक उत्तम है। स्वयं के द्वारा की गई भूल से जो ज्ञान हमें प्राप्त होता है, वह संसार का कोई भी गुरु नहीं दे सकता। कोई भी गलती तब तक गलती नहीं मानी जाती, जब तक कि उसकी पुनरावृत्ति न हो। और हम लोग पूरी जिन्दगी एक ही भूल को बार-बार करते जाते हैं या यह कहें कि भूल करना हमारी आदत में शुमार हो जाता है। एक ही भूल को

बार-बार दोहराना हमारे जीवन की सबसे पीड़ादायक, सबसे दयनीय स्थिति होती है। जैसे एक शराबी अपनी पूरी जिन्दगी में एक ही गलती को रोज़-रोज़ दोहराता है और सारा जीवन नर्क में तब्दील कर देता है और स्वयं को कभी नहीं बदल पाता।

हमारा पूरा जीवन ही अतीत का परिणाम होता है। हम आज जो भी हैं अपने बीते हुए कल के कारण हैं। यदि हम खुश नहीं हैं तो अतीत में जरूर ऐसे कार्य किए होंगे, जिनके कारण हमें दुख मिल रहा है। दुख चाहे आर्थिक हो, शारीरिक या फिर मानसिक हो। यदि हम आलसी हैं तो कभी धनवान नहीं हो सकते, क्योंकि आलसी व्यक्ति कोई भी कार्य समय पर नहीं कर सकता। यदि हमें अपने जीवन को सुखमय और शांतिपूर्वक जीना है तो प्रत्येक दिन हमें पूरे दिन की समीक्षा करनी चाहिए। तभी हम आने वाले कल को बेहतर बना सकेंगे।

अतीत से क्या सीखें:-

1. क्या मेरे निर्धारित उद्देश्य पूरे हुए?
2. क्या मैंने बीत हुए समय का पूरा उपयोग किया?
3. क्या मेरे जीवन में सुख-शांति है?
4. क्या मेरा जीवन उन्नति की ओर है?

अतीत से क्यों सीख लें:-

1. जीवन को सुखहाल बनाने के लिए अतीत का विश्लेषण आवश्य है।
2. जीवन में की हुई गलतियाँ दोबारा न हों।
3. क्योंकि अपने परिवार को खुश रखना हमारा नैतिक कर्तव्य बनता है।
4. हम समय का दुरुपयोग करने से बचें, ताकि हमारे प्रत्येक कार्य समय पर पूरे हों।
5. क्योंकि हमें जीवन के हर पल को पूर्णतः जीना है।
6. क्योंकि हमारा जीवन अतीत का ही परिणाम होता है।
7. क्योंकि आने वाला कल सुनहरा हो।

अतीत से सीखकर क्या करें:-

1. अपने वर्तमान समय को बेकार न जाने दें।
2. आज का काम आज ही निपटाने की कोशिश करें।
3. निर्धारित दिनचर्या का पालन करें।
4. आलसी न बनें।
5. कुछ नया सीखते रहें और करते रहें।
6. हमेशा स्वयं को अपडेट रखें।
7. जीवन समयानुसार जीने की कोशिश करें।
8. कोई भी कार्य करने से पहले अच्छी तरह से सोच विचार करें।
9. जीवन में कोई भी गलती दोबारा न हो, इसके लिए जागृत रहें।
10. अपने निर्धारित उद्देश्य को हमेशा ध्यान में रखें।

बीता हुआ कल वापस नहीं आता

यह कोई बताने की बात नहीं है, बल्कि बहुत ही सामान्य सी जानकारी है। हर कोई यह जानता है कि बीता हुआ पल जीवन में दोबारा नहीं मिलता, चाहे वह पढ़ा-लिखा हो या अनपढ़ हो। लेकिन यह बात जितनी सामान्य लगती है, उतनी है नहीं। क्योंकि किसी चीज को जानना सामान्य बात है, और उसको अपने दैनिक जीवन में लागू करना उतना ही कठिन।

हमारे जीवन का बहुत हिस्सा व्यर्थ की बातों में बीतता है। हम बहुत सारे ऐसे कार्य करते रहते हैं, जिनसे हमें सिर्फ नुकसान ही मिलता है। चाहे दोस्तों के साथ गप्पे हांकना, टेलिविजन पर ज्यादा समय देना, क्रिकेट मैच देखना, ताश खेलना इत्यादि। हम यह कभी नहीं सोचते कि हमारा कीमती समय बर्बाद हो रहा है। हम बेहोशी की अवस्था में जीवन जीते हैं और अपने भाग्य को कोसते रहते हैं। हमेशा ईश्वर को दोष देते है कि हमें जीवन में सिर्फ दुख ही दुख दिया है। अपनी करनी के बारे में कभी नहीं सोचते, कि हम क्या कर रहे हैं।

ऐसा भी नहीं है कि मनुष्य निष्कर्म हो जाता है। मनुष्य जब सोता है तो भी

वह कर्म के दायरे में ही रहता है। हम हर पल किसी न किसी कर्म में संलग्न रहते हैं। यह अलग बात है कि हमारे कर्म कितने सकरात्मक हैं या कितने नकारात्मक। सकरात्मक कर्म हमारे जीवन को उच्चता प्रदान करते हैं। जीवन सुख-शांति से ओत-प्रोत रहता है। मनुष्य ज्यादा प्रेमपूर्वक जीवन जीता है।

सकारात्मक कर्म के द्वारा ही मनुष्य को पात्रता हासिल होती है। पात्रता से धन की प्राप्ति होती है और धन से ही संसार के बहुत सारे सुख प्राप्त किए जाते हैं।

नकारात्मक कर्म से जीवन में नकारात्मकता पैदा होती है। हमारा जीवन व्यर्थ ही गुजरता चला जाता है। मन में ग्लानि और घृणा पैदा होती है। जीवन अंसतोष से भर जाता है। मनुष्य दूसरों को देखकर अपने भाग्य को कोसता है और हमेशा बुरे तरीके से धन कमाने के लिए आतुर रहता है। चाहे वह चोरी हो, लूट-पाट हो अथवा जुआखोरी हो। नकारात्मक व्यक्ति अच्छे कर्मों में विश्वास ही नहीं रखता। वह भाग्य के सहारे जीवन को ढोता रहता है।

हमारे साथ ऐसा क्यों होता है

हम अपने समय का भरपूर सकरात्मक उपयोग क्यों नहीं कर पाते? क्या हम करना नहीं चाहते? या कोई और वजह है? पहला कारण, जहां तक मुझे समझ में आता है कि प्रत्येक व्यक्ति अमीर बनना चाहता है, लेकिन उसकी कीमत चुकाने के लिए तैयार नहीं होता। अमीर बनने के लिए सबसे पहले समय का उपयोग करना आना चाहिए। क्योंकि किसी भी कार्य के लिए समय सबसे महत्वपूर्ण साधन है। लेकिन हम चाहते हैं कि सब कुछ आसानी से मिल जाए, मगर ऐसा होता नहीं। हम दोनों हाथों में लड्डू चाहते हैं। व्यक्ति अमीर भी बनना चाहता है, और दूसरी तरफ भरपूर मनोरंजन भरा जीवन भी जीना चाहता है। भला दोनों बातें कैसे हो सकती हैं?

दूसरा कारण यह है कि हमारे देश का अस्सी प्रतिशत व्यक्ति कर्मवादी न होकर भाग्यवादी होता है। और भाग्यवाद आलस्य, प्रमाद और निर्भरता को बढ़ावा देता है। निर्भरता चाहे मनुष्य की हो या फिर ईश्वर की। हमारे देश का अधिकतर व्यक्ति श्रीरामचरितमानस की एक चौपाई (होइहैं वही जो राम रचि राखा, को करि सकत बढ़ावहिं साखा।) पर विश्वास रखता है। यह विश्वास भी खरा नहीं होता। व्यक्ति अपने

निकम्मेपन को छुपाने के लिए एक मात्र बहाना खोजता है। इस तरह का व्यक्ति एक तरफ ईश्वर की तरफदारी करता है और दूसरी तरफ ईश्वर को ही कोसता फिरता है।

तीसरा कारण, स्वयं के प्रति जागृत न होना। हमारे जीवन में जागरण की कमी होती है। इसलिए हमारे जीवन का कोई निश्चित उद्देश्य नहीं होता। हमारी कोई निश्चित दिनचर्या नहीं होती। हम गुजरते हुए पल के प्रति सचेत नहीं रहते। क्योंकि जीवन में सजगता की कमी होती है। कोई भी सजगता से परिपूर्ण व्यक्ति अपने वर्तमान समय को नष्ट नहीं होने देता। उदाहरण के लिए महात्मा गांधी जब पखाने में बैठे होते थे, तो उनका सेक्रेटरी पखाने के बाहर बैठा होता था और गांधीजी अंदर से बोलते जाते थे, सेकेट्री उनका पत्र लिखता जाता था। यह है समय का सम्पूर्ण उपयोग करना।

आज भी जितने व्यक्ति सफलता के पायदान पर हैं, वे सभी अपने समय के सदुपयोग के कारण ही है। चाहे वह अमिताभ बच्चन हों, रतन टाटा हों, लता मंगेशकर हों, मुकेश अंबानी हों या फिर बिल गेट्स हों। ये सभी लोग जीवन के पल-पल का सदुपयोग करते हैं। क्योंकि ये जानते हैं कि बीता हुआ पल कभी वापस नहीं मिलेगा, चाहे कीमत कुछ भी चुकानी पड़े।

परिवर्तन आपके अनुसार नहीं होगा, आपको बदलना होगा

दुनिया में किसी तरह का परिवर्तन आपके अनुसार नहीं हो सकता। फिर चाहे वह राजनैतिक हो, सामाजिक हो, आर्थिक हो या फिर धार्मिक हो। क्योंकि आपका अस्तित्व संसार से है, संसार का आपसे नहीं। संसार है तो आप हैं, संसार नहीं होगा तो आप भी नहीं हो सकते। यहाँ संसार का मतलब समाज, परिवार, राज्य, देश और पूरी दुनिया से है। परिवर्तन किसी भी स्तर पर होगा, आप अवश्य प्रभावित होंगे। मान लीजिए, यदि सामाजिक स्तर पर भी कोई परिवर्तन किया जाता है तो वह पूरे समाज को ध्यान में रखते हुए किया जाएगा, न कि आपको व्यक्तिगत रूप से देखकर। किसी भी परिवर्तन के पीछे ज्यादा से ज्यादा लोगों का लाभ देख जाता है। यह अलग बात है कि वह आपको मंजूर हो या नहीं।

इसी तरह राज्य सरकार द्वारा कानून में कोई भी फेरबदल किया जाता है, तो आप प्रभावित होते हैं या नहीं? अवश्य होते हैं। मान लीजिए राज्य सरकार द्वारा सर्विस

टैक्स बढ़ा दिया जाता है तो आपकी आय में कटौती अवश्य होगी। यदि सरकार द्वारा रोजमर्रा की चीज़ों में टैक्स बढ़ा दिया जाता है तो डीजल, पेट्रोल के दाम बढ़ा दिए जाते हैं। इससे आपका जीवन प्रभावित होता है या नहीं? यदि सरकार द्वारा कोई भी योजना लागू की जाती है, तो उसका लाभ भी आपको मिलता है और हानि भी उठानी पड़ सकती है। अब इस तरह के परिवर्तन में आपका कोई योगदान नहीं है। लेकिन उसके प्रभाव आपके जीवन में अवश्य होंगे।

इसी तरह यदि केन्द्र सरकार द्वारा इनकम टैक्स में ज्यादा छूट दी जाती है तो इसका सीधा लाभ आपको भी मिलता है। और यदि केन्द्र सरकार की नीतियों के कारण मंहगाई बढ़ती है तो उसका सीधा असर आपके जीवन पर भी पड़ता है। यदि मोबाइल कॉल्स के रेट कम किए जाते हैं तो आप भी लाभान्वित होते हैं। सरकार द्वारा कोई भी योजना लागू की जाती है तो वह आपको माननी ही पड़ती है। फिर चाहे वह आपके लिए लाभदायक हो या नुकसानदायक। इन सभी परिस्थितियों में हमें भी नीतियों के अनुसार बदलना पड़ता है।

जैसा कि आपने देखा होगा कि विगत कुछ वर्षों में हमारे देश के जन जीवन में अभूतपूर्व परिवर्तन हुए। शिक्षा के क्षेत्र से लेकर खान-पान, रहन-सहन, समारोह, सिनेमा, यहाँ तक कि जीवन जीने का पूरा नजरिया ही बदल गया है। पहले शिक्षा के नाम पर बी.ए., एम.ए., एल.एल.बी, बी.एस.सी., एम.एस.सी आदि डिग्रियां हुआ करती थीं, लेकिन आजकल डिग्रियों की भरमार है। इंजीनियरिंग, एम.बी.ए., होटल मैनेजमेन्ट, टेलीकम्न्यूकेशन, और न जाने कितनी ही डिग्रियों की भरमार है। पूरा का पूरा शिक्षा जगत व्यवसायिक हो गया है। ऐसे में यदि हम अपने बच्चों को परम्परागत शिक्षा ही दिलाएं, तो हमारी बेबकूफी होगी। निश्चित है कि हमारे बच्चे बेरोजगार रह जाएंगे।

कुछ साल पहले हमारे देश में फास्ट फूड का प्रचलन न के बराबर था। लोग पारम्परिक भोजन, नाशता किया करते थे, लेकिन आज हर छोटे-बड़े शहर में फास्ट फूड रेस्टोरेन्ट खुल गए हैं। पूरे देश में बड़े शहरों से लेकर छोटे शहरों, कस्बों तक दुनिया के बड़े-बड़े रेस्टोरेन्ट ग्रुप अपना व्यापार फैला रखे हैं। हर कहीं पिज्जा, बर्गर के स्टोर मिल जाएंगे। यह सब समय परिवर्तन का ही प्रमाण है। पूरी दुनिया सिमटकर

रह गई है। ऐसे में यदि आप अपने बच्चों से पारंपरिकता की बात करगें, तो बेमानी होगी। क्योंकि युवा तो वर्तमान परिस्थितियों के अनुसार ही जीवन जिएगा।

जीवन का कोई भी क्षेत्र हो परिवर्तन निरन्तर होता रहेगा। यदि यह बात हमारी समझ में आ जाती है, तो फिर जीवन की समस्याओं को आसानी से सुलझाया जा सकता है। लेकिन सबसे बड़ी समस्या बदलाहट की ही होती है, फिर भी सबसे जरूरी है। इसलिए बदलाहट जीवन में नितांत आवश्यक है।

स्वयं को कैसे बदलें:-

1. संसार में हो रहे परिवर्तन के प्रति जागरूक रहें।
2. जागरूकता के लिए संचार माध्यमों का सहारा लें। (टीवी, अखबार इंटरनेट)
3. बदलाहट हमेशा छोटी-छोटी चीज़ों से शुरू करें।
4. रोज कुछ नया करने की सोचें, इससे बदलने की आदत पड़ेगी।
5. हमेशा सीखने के लिए तैयार रहें।
6. अपने स्वभाव में लचीलापन रखें।
7. अड़ियल रवैये से बचें।
8. अपनी संगति पर ध्यान दें, सकरात्मक लोगों का साथ अपनाएं।
9. लोग क्या कहेंगे? इसकी परवाह बिल्कुल न करें।
10. दकियानूसी परम्पराओं से बचें, जो जीवन में समस्याएं पैदा कर रही हों।

❐

बुरी आदतों से मुक्ति

आदत की शक्ति को पहचानें

आदत मानव मस्तिष्क की सबसे प्रभावशाली शक्ति है। इसे न देखा जा सकता है और न ही किसी यंत्र के द्वारा मापा जा सकता है, सिर्फ इसके परिणाम को देखा जा सकता है। जिस प्रकार आप विद्युत को देख नहीं सकते, बल्कि उसके परिणाम को देखते हैं। यदि आप बल्ब का जलना विद्युत समझते हैं, तो गलत समझते हैं। यह विद्युत का परिणाम है। विद्युत तो तार में बहने वाली ऊर्जा है, जिसे हम देख नहीं सकते। हम सब तो तार में बहने वाली ऊर्जा का परिणाम देखते हैं। ऐसी ही मनुष्य की आदत होती है, जिसका परिणाम हम अपने दैनिक जीवन में देख सकते हैं।

आदत की शक्ति ब्रह्मांड की शक्ति से मिलती जुलती होती है। जैसे ब्रह्मांड में सभी ग्रह और उपग्रह अपनी निश्चित गति के साथ गतिमान बने रहते हैं। ब्रह्मांड का सबसे बड़ा ऊर्जा स्रोत सूर्य है और इसी ऊर्जा के प्रभाव से पूरे ग्रह और उपग्रह सूर्य के चारों ओर घूमते रहते हैं। इस शक्ति को देखा नहीं जा सकता, लेकिन इसके परिणाम को हम रोज देखते हैं। रोज सूर्य पूर्व से उदय होते और पश्चिम में अस्त होते दिखाई देता है। हमें सूरज घूमता हुआ मालूम पड़ता है, जबकि घूमती तो पृथ्वी है। हमें पृथ्वी के घूमने का एहसास इसलिए नहीं होता क्योंकि हम इसमें रहते हैं। लेकिन परिणाम हम अवश्य देखते हैं इसी प्रकार हमारा मस्तिष्क शरीर का प्रमुख ग्रह है। बाकी शरीर इन्द्रियों के माध्यम से चलता रहता है। जिस प्रकार सूर्य के माध्यम से पूरा सौरमण्डल संचालित होता है, उसी तरह हमारा पूरा शरीर संचालित होता है। इंन्द्रियां मस्तिष्क

के ग्रह के रूप में कार्य करती हैं। जैसे सभी ग्रह सूर्य का चक्कर लगाते हैं वैसे ही इंद्रियां मस्तिष्क के आदेश का पालन करती हैं। जब इंद्रियों को मस्तिष्क द्वारा आदेशित किया जाता है तब इंद्रियां सक्रिय हो जाती हैं और कार्य को संपादित करती हैं। जब किसी कार्य को इंद्रियां बार-बार करती हैं अर्थात कार्य का दोहराव होता है, तब वह आदत के रूप में परिवर्तित हो जाता है।

आदत का निर्माण मुख्यतः दोहराव के कारण होता है। कोई क्रिया-प्रतिक्रिया जितनी बार की जाएगी, वह उतनी ही मजबूत आदत बनती चली जाएगी। आदत के निर्माण में अच्छे परिणाम व बुरे परिणाम मिलने की उम्मीद से कोई विशेष फर्क नहीं पड़ता। कर्म अच्छा हो या बुरा हो, वह जितनी ज्यादा बार दोहराया जाएगा, मन को उतना ही आनंद प्राप्त होगा। चूँकि मन आनंदित महसूस करता है, इसलिए उसी कर्म को बार-बार करने की कोशिश करेगा। एक दिन ऐसी स्थिति आ जाती है कि आप चाहकर भी उस कर्म को छोड़ नहीं पाते। आप आदत की शक्ति के कारण इतने मजबूर और असहाय हो जाते हैं कि स्वयं पर आपका नियंत्रण खत्म हो जाता है। आपकी आत्मा कुछ और करना चाहती है और आपका मन कुछ और ही करता जाता है। मन पूरी तरह आदत की शक्ति के नियंत्रण में आ जाता है। इस स्थिति में मनुष्य रोबोट जैसा हो जाता है। जैसे रोबोट प्रोगाम के अनुसार कार्य करता रहता है। उसी प्रकार मनुष्य सुबह उठने से लेकर रात सोने तक किसी रोबोट की भाँति कर्म करता रहता है। पूरी दिनचर्या कोल्हू की बैल की तरह रोज संचालित होती रहती है। ऐसे मनुष्य का पूरा जीवन आदत की शक्ति के सामने नतमस्तक होकर व्यतीत हो जाता है और एक दिन मृत्यु हो जाती है।

आदत की शक्ति पूर्णतः अदृष्य होती है। यह बिल्कुल आत्मा की तरह होती है। जैसे यदि पूरे शरीर की चीरफाड़ की जाए तो भी आत्मा कहीं नजर नहीं आएगी। इसी प्रकार दैनिक दिनचर्या की खोजबीन की जाए तो आदत नाम की कोई चीज समझ में नहीं आएगी। लेकिन फिर भी आदत की शक्ति अपना काम समय पर करती रहेगी। आदत की शक्ति अदृश्य होते हुए भी मन को पूरी तरह अपने कंट्रोल में रखती है, इसलिए मन कोई पुरानी आदत छोड़ना नहीं चाहता। मन हमेशा अतीत में ही जीना पंसद करता है। मनुष्य इसी आदत की शक्ति के कारण हमेशा अतीत की यादों में गुम होकर आनंदित महसूस करता है। मनुष्य इसी शक्ति के कारण वर्तमान समय का आनंद नहीं ले पाता और न ही

उपयोग कर पाता है। जब किसी व्यक्ति को यादों में जीने की आदत पड़ जाती है तो वह विचारशील मन (THINKING MIND) का हो जाता है। उसके जीवन से कर्मशीलता गायब हो जाती है। वह अकर्मणयता का शिकार हो जाता है और पूरी जिन्दगी सिर्फ सोचते रहने में ही व्यतीत कर देता है। मनोवैज्ञानिक कहते हैं कि मनुष्य का नब्बे प्रतिशत जीवन सोचते रहने और बातचीत करने में बीतता है, जो बिल्कुल सच है।

इसी प्रकार किसी व्यक्ति को अंधविश्वास और आडम्बर में जीने की आदत पड़ जाती है तो वह उसे जिन्दगी भर नहीं छोड़ पाता। चाहे उसको कितना भी नुकसान क्यों न उठाना पड़े। फिर ऐसा व्यक्ति भाग्य के सहारे जीवन को काटना चाहता है। उसकी जिन्दगी में कर्मशीलता खत्म हो जाती है, फिर वह आश्रमों और बाबाओं के यहाँ जिन्दगी भर चक्कर काटेगा। व्यक्ति चाहकर भी इन आदतों को छोड़ नहीं पाता, क्योंकि आदत की शक्ति उसे अपने शिकंजे में जकड़ लेती है।

इन सभी बातों का निष्कर्ष यह निकलता है कि हमें बुरे कर्म से सचेत रहना चाहिए। क्योंकि यदि बुरा कर्म बार-बार किया गया तो वह आदत में परिवर्तित हो जाएगा। जो कर्म जीवन को सुखद और आनंदित बनाएं, उन कर्मों को करने की आदत डालनी चाहिए।

वर्तमान में जीने की आदत डालें

विश्व बैंक के सर्वे में निकल कर आया है कि दुनिया का अस्सी प्रतिशत धन, विश्व की कुल आबादी के बीस प्रतिशत लोगों पर रहता है। बाकी शेष अस्सी प्रतिशत आबादी, बीस प्रतिशत धन पर गुजारा करती है। और यह भी अनुमान लगाया गया कि यदि दुनिया के पूरे धन को पूरी आबादी में बराबर-बराबर बाँट दिया जाए तो भी आने वाले दस सालों में स्थिति वैसी की वैसी ही हो जाएगी।

ऐसा क्यों है? ऐसा इसलिए है कि दुनिया के बीस प्रतिशत लोग ही वर्तमान समय में जीवन जीते हैं। बाकी शेष अस्सी प्रतिशत लोग अतीत में जीते हैं। जो व्यक्ति जितना ज्यादा वर्तमान में जिएगा, वह उतना ही सम्पन्न और आनंदित होगा। क्योंकि वह समय का सदुपयोग कर रहा है। इसलिए समय का सकरात्मक उपयोग ही जीवन है।

यहाँ वर्तमान में जीने से तात्पर्य और भी बहुत कुछ है। वर्तमान से मतलब समय के अनुसार जीवन को नए ढंग से देखना, समसामयिक जीवनशैली, संस्कृति और धार्मिक आस्था से है।

जीवन का नियम है परिवर्तन। और जो परिवर्तन स्वीकार करते हुए जीवन जीता है वही ठीक अर्थों में जीवन का आनंद उठा जाता है। जो लोग अतीत की दकियानूसी विचारधारा, सड़ी-गली संस्कृति और आडम्बर में जीते हैं, वही जीवन में दुखी रहते हैं। क्योंकि ये तमाम बकवास की बातें मनुष्य को अकर्मण्य बनाती हैं। मनुष्य पूरी जिन्दगी भाग्यवादिता के मकडजाल में ही गुजार देता है। जीवन क्या है? जीवन का रस क्या है? वह इसे समझ ही नहीं पाता।

दुनिया के अधिकतर देश जो गरीब हैं, वो सिर्फ इसलिए हैं कि वहां जीवन अतीत के सहारे जिया जाता है, इसलिए जहां संस्कृति और जीने के नियम हजारों साल पुराने होते हैं, वहां लोगों में अतीत के प्रति प्रेम और समर्पण इतना ज्यादा होता है कि नए को स्वीकार करना मानो अधार्मिक होना है। जहां धर्म के हजारों साल पुराने नियम आज भी जीवित हैं, वहां दुख के सिवाय कोई आनंद नहीं है। लेकिन मनुष्य ऐसा होता है कि यदि अतीत में जीने की आदत पड़ जाए तो फिर उसे दुख में भी आनंद महसूस होने लगता है।

संसार का अधिकतर व्यक्ति इसी दुख को आनंद समझता है। और मजे की बात यह है कि जिस देश की संस्कृति और सभ्यता जितनी पुरानी है वह उतना ही अपनी जीवनशैली पर गर्वित होता है। जैसे कि हमारे देश का प्रत्येक व्यक्ति अपनी पांच हजार साल पुरानी संस्कृति पर गर्वित होता है। जबकि आज भी इसी संस्कृति और धार्मिक आडम्बर के कारण देश में गरीबी, लाचारी, भूख, बेरोजगारी बरकार है, इसलिए हर कहीं चोरी, डकैती, भ्रष्टाचार, बलात्कार, कन्या भ्रूण हत्या आदि सब कुछ मौजूद है। फिर भी हम अपनी संस्कृति और सभ्यता पर गर्व महसूस करते हैं। यह कितनी शर्म की बात है। हमें तो चुल्लु भर पानी में डूब मरना चाहिए, लेकिन नहीं मरते, क्योंकि हम लोग हद दर्जे के बेशर्म लोग हैं।

अतीत में जीना मरने के बराबर है। यदि हम जीवन की पुरानी घटनाओं के बारे में ही सोचते रहेंगे तो भविष्य का क्या होगा? यह सोचने योग्य है। अतीत में गुजरा हुआ जीवन दोबारा लौटकर तो आ नहीं सकता जिसको हम संवार सकें, परिमार्जित कर सकें। इसलिए उसके बारे में सोचते रहने से क्या लाभ? हां, इतना लाभ अवश्य ले सकते हैं कि भविष्य में दोबारा वैसी गलितयाँ न करें। लेकिन हम यह भी नहीं करते। हम लोग सिर्फ अतीत के चिन्तन में व्यस्त रहते हैं और जीवन हाथ से निकलता जाता है। अपने ही कर्मों

द्वारा अपने जीवन को कष्टमय बनाए जाना जारी रखते है और फिर ईश्वर को कोसते हैं, भाग्य को दोष देते हैं। मुझे नहीं लगता है कि हमारे जैसे धोखेबाज इंसान और भी किसी देश में होंगे, जो ईश्वर को भी धोखा देने से नहीं चूकते।

यदि आप अपनी आदतों पे गौर करें तो पाएंगे कि आपकी प्रत्येक आदत में अतीत की झलक अवश्य होगी। आपकी बातचीत में, आपकी जीवन शैली में, आपके नजरिए में कुछ भी नया नहीं होगा। वही पुरानी सड़ी-गली बातचीत, दूसरों के जीवन की बुराईयाँ, गुजरे जमाने की यादें इसके सिवाय और है क्या? प्रत्येक व्यक्ति की यही कहानी है। हम अतीत के दुखों का भार जिन्दगी भर ढोते हैं। तभी तो बूढ़ा आदमी अत्यधिक कष्ट में होता है। क्योंकि उसके पास सत्तर साल का कचरा इकट्ठा रहता है। जो जितना पुराना होता है वह उतना ही अतीत के बोझ से भारी होता जाता है, इसलिए जवान उतने दुखीं नहीं होते, जितना कि बूढ़ा आदमी होता है।

इससे निष्कर्ष यह निकलता है कि हमें अतीत और भविष्य के चिन्तन से मुक्त होकर वर्तमान में जीने की आदत डालनी चाहिए।

बुरी आदतें अच्छी आदतों के अभाव में पैदा होती हैं

इस जगत का प्रत्येक व्यक्ति स्वयं की और स्वयं से जुड़े हुए व्यक्तियों की बुरी आदतों से परेशान है। इसके लिए न जाने क्या-क्या उपाय किया जाता है। कोई मनोवैज्ञानिक के पास जाता है, कोई मंदिर-मस्जिद जाता है, कोई धर्मग्रन्थों का अध्ययन करता है, तो कोई नशे का सहारा लेता है। एक बुरी आदत को खत्म करने के पीछे दूसरी और बड़ी बुरी आदत की लत लग जाती है। जैसे कोई व्यक्ति अपने क्रोध को काबू करने के लिए शराब का सहारा लेने लग जाए, तो वह और बुरी आदत में जकड़ गया कि नहीं?

हालांकि अधिकतर लोग स्वयं की बुरी आदतों से कम, वरन् स्वयं से जुड़े हुए व्यक्तियों की आदत से ज्यादा परेशान रहते हैं। इसका कुल कारण इतना है कि स्वयं को कोई देखना नहीं चाहता। किसी भी व्यक्ति को स्वयं की आदतें बुरी नहीं लगती। और यदि कोई एहसास कराने की कोशिश भी करता है तो एहसास करना नहीं चाहता। क्योंकि व्यक्ति का अहंकार उसे स्वीकार करने की इजाजत नहीं देता।

तो फिर मनुष्य क्या करेगा? जाहिर सी बात है वह दूसरों के दोष देखना प्रारंभ कर

देगा। जैसे कोई व्यक्ति अपनी पत्नी के दोष को देख सकता है, बच्चों की बुरी आदतों को पहचान सकता है, पड़ोसियों की आदतों को बुरा साबित कर सकता है। क्योंकि दूसरों की भूलों को देखना मनुष्य को स्वभाविक लगता है। यद्यपि यह संसार की सबसे बड़ी बुरी आदत है। लेकिन मनुष्य का स्वयं के बावत इस ओर ध्यान ही नहीं जाता और आदि जाता भी है तो नजर अंदाज (IGNORE) कर देता है।

यदि आप भी स्वयं का निरीक्षण करेंगे तो ठीक ऐसा ही पाएंगे। लेकिन फिर भी यह निश्चित है कि किसी व्यक्ति में बुरी आदतें, अच्छी आदतों के अभाव में ही पैदा होती हैं। देखिए, यदि हमारे भीतर अच्छाई नहीं है तो बुराई अवश्य होगी। हालांकि दुनिया में कोई ऐसा व्यक्ति नहीं होगा, जिसके भीतर सिर्फ बुराई ही बुराई हो या सिर्फ अच्छाई ही अच्छाई हो। यह सिर्फ प्रतिशत की मात्रा की कमी या अधिकता हो सकती है। इसलिए मैं कहता हूँ कि अच्छी आदतों की कमी के कारण, बुरी आदतें ज्यादा हो सकती हैं। जैसे आपके बच्चे में अच्छी आदतों की अधिकता हो सकती है और पड़ोसी के बच्चे में बुरी आदतों की अधिकता हो सकती है। यह सब कुछ हमारे पालन पोषण और पारिवारिक वातावरण पर आधारित होता है। यह आपको भी पता है कि कोई बच्चा जन्म से बुरी आदतों को लेकर पैदा तो नहीं होता। उसे संसार में अच्छाई और बुराई देने वाले हम ही होते हैं। और फिर बाद में उसे कोसते हैं या दण्डित करते हैं।

देखिए, जहाँ तक बुराईयों की पैदाइश का सवाल है तो वह स्वयं के कारण ही पैदा होती हैं। जब तक कोई व्यक्ति स्वयं तक अर्थात स्वयं के सुख और आनंद तक सीमित रहता है तो वह बुरी आदतों का शिकार बनेगा, क्योंकि उसे दूसरों के सुख और आनंद की कोई परवाह नहीं है। जैसे एक विवाहित व्यक्ति शराब पीता है और उसकी इस आदत से घर के सभी सदस्य पत्नी, बच्चे, माँ-बाप परेशान होते हैं, घर में आर्थिक तंगी पैदा होती है। घर का वातावरण खुशनुमा न होते हुए दुखद बना रहता है। सामाजिक स्तर पर भी घर की बदनामी होती है, लेकिन उस व्यक्ति पर कोई असर नहीं होता। क्यों? क्योंकि वह पूर्णतः स्वार्थी व्यक्ति है। उसे सिर्फ स्वयं के आनंद से मतलब है। और साथ ही उसका अहंकार उस आदत को दिनों-दिन और मजबूत बना देता है। जिससे छुटकारा पाना असंभव मालूम पड़ता है। क्या ऐसा ही नहीं है?

एक बात तो निश्चित है कि जब तक हम दूसरों के बारे में नहीं सोचते, तब तक

अच्छी आदतों की शुरुआत नहीं हो सकती। इस जगत में कम लोग हैं, जिनके हृदय में दूसरों के लिए परहित, सहयोग, प्रेम, सहिष्णुता, सम्मान, इज्जत और क्षमा की भावना रहती है। जब तक ये भावनाएं हमारे जीवन में अवतरित नहीं होती, जीवन बिल्कुल नीरस और दुखमय ही होगा। और इन भावनाओं को जीवन में अवतरित करने वाला कोई दूसरा नहीं, बल्कि हमें ही बनना होगा। क्योंकि हम जैसे ही स्वयं से हटकर दूसरों में बंट जाते हैं, जीवन में आनंद की रसधारा फूट पड़ती है। इसलिए हमारी संक्रीणता ही बुरी आदतों को जन्म देती है। और विस्तार सदा ही आनंद और सुखद आदतों का निमार्ण करने में सहयोगी बनता है। आप जितने ही विस्तारित होते जाते हैं, जितने ही सम्पूर्ण अस्तित्व के साथ विलीन होते जाते हैं, ठीक उसी मात्रा में आनंद भी विस्तारित होता जाता है। क्योंकि हम जैसे ही स्वयं को खो देते हैं, पूरा अस्तित्व हमारे साथ जुड़ जाता है। तब हम इस संसार में अकेले नहीं, वरन पूरा अस्तित्व ही हो जाते हैं।

बुरी आदतें, बुरा कर्म, मनुष्य का स्वभाव नहीं है। मनुष्य का स्वभाव तो प्राकृतिक रूप से प्रेममय ही है। लेकिन मनुष्य मन की गुलामी के कारण बुरे कर्म करता रहता है। अहंकार, मन का सबसे शक्तिशाली हथियार है। जिसके प्रभाव से मन मनुष्य को अपनी जंजीरों में जकड़े रहता है। इसलिए अहंकार समूची दुष्प्रवृत्तियों का जन्मदाता है। हमारी जितनी भी वासनाएं, कामनाएं, क्रोध, मोह, लोभ हैं, ये सब अंहकार की छाया है। इसलिए जो व्यक्ति जितनी दुष्प्रवृत्तियों से घिरा रहता है, वह उतना ही अहंकारी होता है।

हमारा अहंकार कभी सत्य को स्वीकार नहीं कर सकता। अंहकार सिर्फ स्वयं की सत्ता को स्वीकारना जानता है। इसलिए अंहकारी व्यक्ति कभी दूसरों की आदतों को सर्वश्रेष्ठ नहीं मान सकता। अंहकारी व्यक्ति बुरे परिणाम प्राप्त करने के बावजूद भी यह नहीं मानता कि वह उसकी ही गलती का परिणाम है। वह इसके लिए भी दूसरों को जिम्मेदार ठहरा देता है। इसलिए तो प्रत्येक पति अपनी बुरी आदतों के लिए पत्नी को जिम्मेदार मानता है। और ठीक पत्नी भी अपनी बुरी आदतों के पैदा होने में पति को कारण मानती है। कोई स्वयं को जिम्मेदार नहीं मानता, क्योंकि अहंकार से भरा चित्त यह मान ही नहीं सकता कि मैं गलत हूँ।

बुरे कर्म, बुरी आदतों के निर्माण में तथाकथित धर्म का भी बड़ा सहयोग है। दुनिया के सभी धर्मों में यह व्यवस्था दी गई है कि कोई कितना भी बुरा कर्म करे, ईश्वर उसे

माफकर देता है। जैसे हिन्दु धर्म के अनुसार कोई कितना भी पापी हो, दुष्कर्मी हो, गंगा स्नान कर ले तो उसके सारे पाप नष्ट हो जाते हैं। पहले कुकर्म करो और बाद में पूजा-पाठ, हवन-दान कर दो, बस पाप से मुक्त हो गए। पहले दुनिया को खूब लूटो और उसका कुछ हिस्सा मंदिर में जाकर ईश्वर की मूर्ति पर चढ़ा दो, बस आपके सभी कुकर्म, सत्कर्म में बदल गए। ऐसे ही इसाईयों में व्यवस्था है कि कितना भी बड़ा गुनाह करो और बाद में चर्च जाकर ईसा की मूर्ति के सामने गुनाह को स्वीकार कर लो, बस आपका गुनाह माफ हो गया।

जब इस तरह की धार्मिक व्यवस्था होगी, तो लोग गुनाह तो करेंगे ही। जब इतने सस्ते में पाप कट जाते हैं तो भला पाप करने से कौन चूकेगा? जब सब कुछ माफ हो जाना है तो फिर कोई हर्ज ही नहीं है। फिर तो साधु और शैतान में कोई विशेष फर्क है ही नहीं। इन आडम्बरों के कारण मनुष्य का जितना नैतिक पतन हुआ, उतना और किसी कारण के द्वारा नहीं हुआ। मनुष्य इन आडम्बरों के माध्यम से अपनी शैतानियत को साधुता के वेश में हमेशा से छुपाता रहा है। इसलिए जितना खून खराबा धर्म के नाम पर हुआ, उतना और किसी कारण से नहीं हुआ। आज भी जितनी हिंसा, मारकाट धर्म के नाम पर हो रही है, उतनी किसी और वजह से नहीं हो रही। अर्थात आज भी जितनी बुराईयां धर्म की आड में पैदा हो रही हैं, उतनी न तो गरीबी, बेकारी; बेरोजगारी, भूख और समाज के कारण पैदा हो रही हैं।

मनुष्य के बुरे होने में राजनीति का भी पड़ा सहयोग रहा है। आज जिस तरह का माहौल बन गया है, उसमें किसी व्यक्ति के भीतर कानून का डर रह ही नहीं गया। माना कि राजनीति मनुष्य को प्रत्यक्ष रूप से बुरा नहीं बनाती, लेकिन अप्रत्यक्ष रूप से सहयोग अवश्य करती है। आज देश में जिस गति से शराब की दुकाने और मयखाने खुल रहे हैं, क्या ये सब मनुष्य के भीतर अच्छी आदतें पैदा करेंगी? क्या इनसे सामाजिक और आर्थिक स्थिरता नहीं बिगडती? क्या इन नशे की चीज़ों से मनुष्य का चरित्र अच्छा होगा? नहीं, कदापि नहीं। लेकिन राजनेता को इन सबसे क्या मतलब? उसे तो टैक्स के रूप में राजकोश में मुद्रा आनी चाहिए। क्योंकि नेता को राजकोष लूटने की पुरानी आदत पड़ी हुई है। उसे मनुष्य के किसी भी तल पर पैदा हो रही बुराइयों से कोई लेना देना नहीं। राजनेता का ध्यान पद और पैसे पर रहता है। उसे हमेशा यही चिन्ता रहती है कि कहीं मेरा पद न छिन जाए, जिससे लूटने का मौका ही निकल जाएगा।

लेकिन हम धार्मिक नेता और राजनेता को तो बदल नहीं सकते। और उनसे कोई उम्मीद भी नहीं करनी चाहिए। इसलिए हमें जो भी बदलाव करना होगा, वह स्वयं के भीतर। हम जब स्वयं बदल जाते हैं, तब बाहरी गंदगी का कुछ भी प्रभाव नहीं पड़ता। हमें अपनी बुरी आदतों के स्थान पर अच्छी और सुखदाई आदतों की शुरुआत करनी होगी। बस शुरुआत करने की आवश्यकता होती है, बाकि सब ईश्वर के सहयोग से स्वयं हो जाता है।

आदत से चरित्र का निर्माण होता है

कहा जाता है कि धन गया तो कुछ नहीं गया, तन गया तो कुछ गया और चरित्र गया तो सब कुछ चला गया। यह है चरित्र की महिमा। दरअसल, मनुष्य की असली पहचान चरित्र के द्वारा ही होती है। हम धनवान व्यक्ति को उसके धन के कारण सम्मान दे सकते हैं, राजनेता को स्वयं के स्वार्थ के कारण सम्मान दे सकते हैं या फिर किसी शक्तिशाली व्यक्ति को डर के कारण सम्मान दे सकते हैं, लेकिन ये सभी सम्मान हृदय से नहीं, बल्कि मन के झूठ से पैदा होते हैं। हम किसी को दिखावे के लिए सम्मान दे सकते हैं, लेकिन पीठ पीछे उसे गाली भी देते हैं। संसार के लगभग सभी सम्मान ऐसे ही हैं। जैसे हम दूसरों को दिखावे के लिए सम्मान देते हैं वैसे दूसरे भी हमारा सम्मान दिखावे के लिए ही करते हैं, जबकि वास्तविकता बिल्कुल उल्टी होती है।

चरित्रवान व्यक्ति के साथ ऐसा नहीं है। जो भी व्यक्ति चरित्र का धनी होता है उसका सम्मान उसके विरोधी भी करते हैं। यह अलग बात है कि उसके सामने नहीं, लेकिन औरों के सामने अवश्य करते हैं। हालांकि जो चरित्रवान होता है उसका कोई विरोधी होता ही नहीं, लेकिन अपवाद अवश्य होते हैं। फिर भी हृदय से उसका कोई विरोधी कोई नहीं होता। चरित्रवान व्यक्ति का सम्मान, धनवान तबलवान और राजनेता सबको करना पड़ता है। क्योंकि चरित्रवान व्यक्ति की आवश्यकता सबको पड़ती है। प्रत्येक धनवान व्यक्ति चाहता है कि उसके व्यापार को सम्भालने वाला व्यक्ति ईमानदार और चरित्रवान हो। प्रत्येक राजनेता चाहता है कि उसका सेक्रेटरी पूर्णतः समर्पित और चरित्र का धनी व्यक्ति हो। प्रत्येक बलवान व्यक्ति चाहता है कि उसके अंगरक्षक आज्ञाकारी और ईमानदार हों। प्रत्येक व्यक्ति अपने चारों ओर चरित्रवान व्यक्ति की चाहत रखता है।

यह अलग बात कि वह स्वयं में चरित्रवान नहीं होता। हम हमेशा दूसरों से स्वयं के लिए अच्छे व्यवहार की आशा रखते है, जबकि स्वयं दूसरों के साथ अच्छा व्यवहार नहीं करते। एक दुष्ट प्रवृति का राजा भी अपने मंत्रियों की नियुक्ति अच्छे चरित्र को देखकर ही करता है।

इस चरित्र रूपी गुण को हासिल करने के लिए आदत का महत्वपूर्ण योगदान होता है। हम अच्छी आदतों के द्वारा ही चरित्रवान हो सकते हैं और बुरी आदतों के द्वारा चरित्रहीन भी हो सकते हैं। ये दोनों रूप हमारे कर्मों और आदतों के परिणाम होते हैं। जन्म से कोई भी व्यक्ति चरित्रवान नहीं होता। हालांकि ये दोनों रूप पैदा होने में परिवारिक पृष्ठभूमि की विशेष भूमिका रहती है। घर-परिवार, आस-पड़ोस और मित्रों का भी योगदान निश्चित रूप से रहता है। लेकिन मजे की बात यह है कि हम जब पूर्ण रूप से मानसिक विकसित हो जाते हैं, तब भी आदतों को दोहराए चले जाते हैं, जिनकी आदत हमें बचपन में होती है। तात्पर्य यह हुआ कि हम पूरा जीवन बिल्कुल बेहाशी में व्यतीत कर देते हैं। और इससे भी बड़े आश्चर्य की बात तो यह होती है कि अधेड़ उम्र में भी हम बुरी आदतों को अपनाते रहते हैं, जो जीवनपर्यन्त हमारे चरित्र का हिस्सा बन जाती हैं।

आज संसार में जिस चीज का सबसे ज्यादा पतन हुआ है, वह है मनुष्य का चारित्रिक पतन। चाहे पुरुष हो या फिर स्त्री हो, दोनों समान रूप से इस पतन के जिम्मेदार हैं। क्योंकि मानवीय मूल्यों की गिरावट एक पक्ष के द्वारा संभव नहीं है। दोनों पक्ष एक दूसरे के पूरक हैं। फिर भी मैं यहाँ यह कहना चाहूँगा कि पुरुष तो पहले से चरित्रहीन रहा है, लेकिन स्त्री भी अब उसी रास्ते पर चलकर कदम से कदम मिलाती नजर आ रही है। आज दुनिया में कुछ स्त्रियाँ भी पुरुषों जैसा व्यवहार करती हैं। शराब पीती हैं, सिगरेट के छल्ले उडाती हैं, गाली-गलौच की भाषा इस्तेमाल करती हैं। ऐसा लगता है मानो पुरुष की नकल कर रहीं हों। आज स्त्रियाँ दोयम दर्जे के पुरुष बनने की कोशिश में उतारू हैं। उन्हें यह आभास नहीं हो रहा है कि पुरुष के साथ हम भी पतित होते जा रहे हैं। लेकिन कोई कर भी क्या सकता है? यह तो समय का चक्र है, जो अपने ही नियम से चलता चला आ रहा है।

लेकिन मनुष्य के साथ यह अजीब स्थिति है कि प्रत्येक चरित्रहीन व्यक्ति भी

चरित्रवान व्यक्ति का साथ चाहता है, चाहे वह स्त्री हो या पुरुष। प्रत्येक चरित्रहीन पुरुष यही चाहता है कि उसकी होने पत्नी महान चरित्र वाली हो। ठीक ऐसे ही स्त्रियां भी पुरुषों के बारे में सोचतीं हैं जिनका स्वयं का चरित्र अच्छा नहीं होता। प्रत्येक स्त्री-पुरुष स्वयं के व्यवहार और आदतों के बारे में कुछ सोचना ही नहीं चाहता। सबको यही लगता है कि मैं अपनी जगह ठीक हूँ और यदि कोई गलत है, तो वह दूसरे ही हैं। हम सब हमेशा दूसरों के चरित्र के बारे में जितनी बातें करते हैं उतनी शायद और किसी चीज़ के बारे में नहीं करते। हम जीवन में सबसे ज्यादा दूसरों की बुराई ही तो करते हैं और वह बुराई दूसरों के चरित्र के बारे में ही होती है। यही आदत मनुष्य के चरित्र के पतन का मुख्य कारण है। जब हम दूसरों की बुराई करने में व्यस्त होंगे तो स्वयं की ओर कैसे देख सकेंगे? स्वयं की और देखने का कोई रास्ता ही नहीं बचता। इसलिए संसार में सबसे बुरी आदत मानी गई है, किसी की बुराई करना।

आपका भविष्य आपकी आदतों का परिणाम होगा

इस जगत का प्रत्येक मनुष्य आने वाले जीवन के प्रति भयभीत रहता है। क्योंकि आने वाला समय कैसा होगा, यह किसी को नहीं पता होता। तभी तो संसार में इतनी ज्यादा धोखेबाजी, बेईमानी, चालाकी और जितने प्रकार के अपराध हैं, सतत होते चले आ रहे हैं। दुनिया में अपराध होने का कारण ही यही है कि मनुष्य भविष्य के प्रति अति भयभीत है। इसलिए धन के संग्रह करने का कारण भी भय है। क्योंकि धन के बाबत मनुष्य को लगता है कि यह आने वाले संकट में सहायक सिद्ध होगा। ऐसा किसी एक मनुष्य के साथ नहीं, बल्कि पूरी मनुष्यता की धारणा यही है। धन के प्रति लगाव मात्र अहंकार और भय के कारण होता है। और यह भय पीढ़ियों के लिए होता है, तभी तो हम सब मोहवस कई पीढ़ियों के लिए धन संग्रह करते हैं। प्रत्येक मनुष्य को यही लगता है कि संसार का सारा धन उसके पास आ जाए चाहे उसके बदले कुछ भी करना पड़े।

हम सब भविष्य के प्रति जितना सोचते हैं क्या अपने वर्तमान के बारे में सोचते है? शायद नहीं। क्योंकि यदि वर्तमान के बारे में सोचेंगे तो हमारे जीवन में सजगता होगी, जो अभी बिल्कुल नहीं है। जीवन में सजगता का तात्पर्य है कि व्यक्ति होशपूर्वक

जीवन जी रहा है। जबकि हम सब पूरी तरह बेहोशी में जीवन जीते हैं। क्योंकि हमें पता ही नहीं होता कि हम क्या कर रहे हैं। यह भी होश नहीं रहता कि क्या करना चाहिए और क्या नहीं करना चाहिए? इसलिए अधिकतर मनुष्यों के साथ यह समस्या है कि जीवन में जो करने योग्य है, वह करते नहीं और जो करने योग्य नहीं होता, वही जिन्दगी भर करते चले जाते हैं। यदि आप अपनी तमाम आदतों का परीक्षण करें तो पता चलेगा कि हम अधिकतर कर्म वही कर रहे हैं, जो नहीं करना चाहिए। जिन कर्मों, जिन आदतों के कारण आपका भविष्य दुखमय और अशांतिपूर्ण हो सकता है, आप वही करते नजर आएंगे। आज संसार में जो इतना ज्यादा दुख है इसका एक मात्र कारण यही है कि मनुष्य को जो नहीं करना चाहिए, मनुष्य उन्हीं कर्मों में लिप्त है।

असल में देखा जाए तो दुनिया का प्रत्येक व्यक्ति अतिवाद का शिकार होता है। कोई धन के पीछे पागल है, कोई जमीन इकट्ठी कर रहा है, कोई बड़े मकान के लिए बैचेन है तो कोई मंहगी कार के लिए लालायित है। वहीं दूसरी ओर कोई इतना आलसी है कि स्वयं का भरण पोषण भी नहीं कर सकता, परिवार समाज का तो प्रश्न ही नहीं उठता। कोई सुबह उठते ही शराब पीने में जुट जाता है। कोई जुए का शिकार है, जो अपनी दौलत लुटाने में जुटा है। कुछ लोग दूसरों के बारे में बातें करने में जुटे रहते हैं, जिनका पूरा जीवन बातों में ही गुजर जाता है। कोई अत्याधिक लोभी है तो कोई अत्यधिक आलसी है। मनुष्य बीच में ठहरना ही नहीं जानता। हम सबकी समस्या यही है कि हम संतुलित जीवन जीना जानते ही नहीं। और जो जानते हैं, वे आनंदित रहते है। लेकिन ऐसे लोगों की संख्या बहुत कम है।

मैं भविष्य को, आदतों का परिणाम इसलिए कह रहा हूँ कि आदतों के द्वारा ही हम वर्तमान समय का सदुपयोग तथा दुरुपयोग करते हैं। हम ऐसा कार्य रोज़-रोज़ नहीं कर सकते, जो हमारी आदत से भिन्न हो। सुबह उठने से लेकर रात सोने तक अधिकतर कार्य वही होते हैं, जिनको हम हर रोज करते है। हमारी पूरी दिनचर्या किसी रोबोट की तरह होती है। जैसे किसी व्यक्ति को सुबह देर तक सोने की आदत है, तो पूरी संभावना है कि वह जीवनभर देर तक सोएगा। किसी व्यक्ति को सुबह जल्दी उठने की आदत होती है तो वह देर तक बिस्तर में रह ही नहीं सकेगा, चाहे मौसम अनुकूल या फिर प्रतिकूल हो।

यदि आप अपनी प्रत्येक आदत का निरीक्षण करेंगे तो पाएंगे कि शरीर अपने रोज के नियत समय पर प्रत्येक कार्य को करने की कोशिश करता है, आप चाहते हुए भी रोक नहीं पाते हैं। आदत का शिकार केवल मन ही नहीं होता, बल्कि शरीर भी होता है। शरीर में भी आदत के अनुसार सक्रियता और निष्क्रियता देखने को मिलती है। यदि एक बार मन और शरीर को निष्क्रियता की आदत पड़ जाती है तो वह उम्र भर नहीं छूटती। और यदि छूटती भी है तो बहुत श्रम करना पड़ता है अर्थात अत्यधिक जागरण की आवश्यकता होती है। आदत जितनी पुरानी हो जाएगी उसको बदलने के लिए उतना ज्यादा श्रम करना पड़ेगा। खासतौर से बुरी आदत को बदलने के लिए यह नियम अवश्य लागू होता है। क्योंकि किसी आदत को समाप्त नहीं किया जा सकता। इसलिए बुरी आदत के स्थान पर अच्छी आदतों को शुरू करने में बहुत श्रम करना पड़ता है। क्योंकि सकारात्मक पहलुओं को स्वीकार करने के लिए मस्तिष्क को अत्याधिक मेहनत की आवश्यकता पड़ती है, जिसके कारण मनुष्य को ऊब पैदा होती है, इसीलिए अच्छी आदतों को डालने के लिए बहुत वक्त लग जाता है। जबकि ठीक इसके विपरीत बुरी आदतों को सीखने में कोई श्रम नहीं करना पड़ता, क्योंकि बुरी आदतों में आकर्षण अत्यधिक होता है। यह आकर्षण भले ही क्षणिक हो, लेकिन संसार में चारो ओर पर्याप्त मात्रा में व्याप्त है, इसलिए प्रत्येक मनुष्य बुरी आदतों को जल्दी सीख जाता है। और फिर हम सब बचपन से ही संस्कारवश नकारात्मक पहलुओं को ग्रहण करते चले आते हैं।

एक बात तो तय है कि जीवन प्रतिपल परिवर्तनशील है और यह परिवर्तन सतत ही बना रहेगा। रोज-रोज जीवन के नियम बदलते रहते हैं। चाहे सामाजिक हों, आर्थिक नियम हों या फिर राजनैतिक नियम हों। हमारा जीवन इन्हीं नियमों का जोड़ होता है। और हो भी क्या सकता है? हम सब समाज से बधें हैं, राजनैतिक नियम कानून से बधें हैं, और धन तो जीवन का अनिवार्य अंग है ही। हम इन सबसे भाग नहीं सकते। हमें इन दायरों के भीतर ही रहकर जीवन जीना पड़ता है। आप इस तथ्य को स्वीकार करें या न करें, लेकिन सत्य यही है।

❐

शारीरिक और मानसिक स्वास्थ्य

पहला सुख निरोगी काया

हमने आपने सभी ने यह महसूस किया होगा कि जब हमें शारीरिक कष्ट होता है, तब जीवन व्यर्थ लगने लगता है। जैसे सारी इन्द्रियां ही नष्ट हो गई हों और चारों तरफ सिर्फ निराशा ही निराशा नजर आने लगती है। आपने महसूस किया होगा कि एक दिन के लिए भी बुखार आ जाता है तो ऐसा लगता है कि इससे बड़ा कष्ट जीवन में कुछ नहीं है। जहां तक बड़ी बीमारी का सवाल है तो उसके चलते ऐसा लगता है कि इस जीवन से बेहतर तो मौत ही अच्छी है। इसलिए यह कहावत मनुष्य के जीवन में पूरी तरह चरितार्थ होती है।

लेकिन कुछ लोग यह भी कहते हैं कि यदि मन से व्यक्ति सबल हो तो शारीरिक बीमारी मायने नहीं रखती। क्या ऐसा वास्तव में है? तो आपका जबाब होगा, नहीं। क्योंकि हम साधारण मनुष्य हैं कोई योगी तो हैं नहीं, जो तप और योग के द्वारा शारीरिक तल से ऊपर उठकर मन की ऊंचाईयों पर जीवन केन्द्रित कर सकें। मैं यह नहीं कहता हूँ कि ऐसा नहीं होता है, लेकिन उसके लिए विशेष तैयारी करनी पड़ती है। जो आम साधारण के लिए संभव नहीं है। इसलिए यहाँ मैं साधारण मनुष्यों की बात कर रहा हूँ।

कहा जाता है कि स्वस्थ शरीर पर ही स्वस्थ आत्मा निवास करती है। यहाँ आत्मा का तात्पर्य मन से है। हम जिसे आत्मा कहते हैं, वह हमारा मन ही है। आत्मा की झलक तो आम लोगों को जीवन में हो ही नहीं पाती। क्योंकि कोई आत्मा के

दरवाजे को खटखटाने की कोशिश भी नहीं करता। इसलिए हम सब आत्मा शब्द को सिर्फ सुनते और पढ़ते हैं। मगर शब्द कभी यथार्थ नहीं होता।

यहाँ तात्पर्य यह है कि जिस तरह मंदिर में मूरत विराजमान रहती है उसी तरह शरीर में आत्मा निवास करती है। तो हमारा शरीर मंदिर है और मंदिर की जितनी साफ-सफाई की जा सके, वह उतना ही पवित्र रहता है। और यह भी तो है कि आत्मा आखिर शरीर में ही तो रहती है। क्या शरीर के बिना उसका कोई अस्तित्व है? तो आपका जवाब होगा नहीं। क्योंकि जब शरीर बूढ़ा हो जाता है और आत्मा के निवास योग्य नहीं रह जाता, तो आत्मा शरीर को छोड़कर चली जाती है।

तो निष्कर्ष यह निकलता है कि शरीर और आत्मा एक दूसरे के पूरक हैं। शरीर प्रथम और आत्मा अंतिम। तो हमारा पहला कर्तव्य है कि शरीर को पूरी तरह स्वस्थ रखने की कोशिश करें। यहाँ पर मैं स्वस्थ रखने की बात कर रहा हूँ न कि सुन्दर बनाने के लिए। स्वस्थ और सुन्दर दोनों में अंतर है। क्योंकि यदि शरीर स्वस्थ है तो सुंदर होता ही है।

स्वास्थ्य, शरीर की आंतरिक सुन्दरता है। सुन्दरता बाहरी भी हो सकती है। सुन्दरता को लीपपोत कर बढ़ाया जा सकता है, जैसा कि आजकल खूब बढ़ाया जा रहा है। जगह-जगह ब्यूटी पार्लर खुले हैं और शरीर की खूब लीपापोती चल रही है।

जहाँ तक स्वास्थ्य का तात्पर्य है वह हमारे शरीर की आंतरिक गतिविधियों से है। शरीर में किसी प्रकार का रोग तो हावी नहीं है। जैसा आजकल किसी को डायबिटीज है, हृदय रोग है, किसी का कोलेस्ट्रॉल बढ़ा हुआ है और कोई श्वसन रोग से परेशान हैं, आदि-आदि। अर्थात शरीर की आंतरिक गतिविधियों का सुचारू ढंग से चलना ही स्वास्थ्य है।

आप मेरी बात से सहमत हैं या नहीं, सवाल यह नहीं हैं। तात्पर्य यह है कि क्या वास्तव में पहला सुख निरोगी काया ही है? इसके परीक्षण हेतु अपने अतीत की ओर झाँकिए। याद कीजिए जब आप अंतिम बार बीमार हुए थे, तब आपको कैसा महसूस होता था? क्या ऐसा नहीं लगता था कि मैं जल्द से जल्द स्वस्थ हो जाऊं? तब आप स्वस्थ होने के लिए हर संभव कोशिश किए होंगे। जब हम बीमार होते हैं, तभी पता लगता है कि शरीर का स्वस्थ होना कितना आवश्यक है।

आप चाहें तो अनुभव लेने के लिए उनसे भी पूछ सकते हैं, जो किसी न किसी भयंकर रोग से ग्रसित हैं। उनके पास संसार की हर सुख सुविधाएं मौजूद हैं, लेकिन वे उनका रसास्वादन नहीं कर सकते। क्योंकि उनके उपयोग से मौत और जल्द आ जाएगी। और जीवन छोड़कर कोई मरना नहीं चाहता। अब आप समझ गए होंगे कि स्वास्थ्य कितना आवश्यक है।

अब आपको शरीर स्वस्थ रखने के लिए क्या करना है?

शरीर को स्वस्थ रखने के लिए सबसे बड़ा मूलमंत्र यह है कि आप सुबह जल्दी उठें और घूमने जाएं। यदि घूमने नहीं जा सकते तो घर पर ही हल्का फुल्का व्यायाम करें। प्राणायाम करें, आसन करें। युवा लोग तो सुबह-सुबह दौड़ भी लगा सकते हैं। हम चाहें तो हमारे देश के बड़े व्यवसायी अनिल अंबानी से यह बात सीख सकते हैं। वे रोज सुबह दस कि.मी. की दौड़ लगाते हैं जबकि उनकी उम्र पचपन वर्ष है। जब वे ऐसा कर सकते हैं तो आप क्यों नहीं कर सकते? बस आपको अपने अंदर स्वस्थ रहने की चाहत पैदा करनी होगी। और आपको मालूम होना चाहिए कि जिन लोगों ने भी दुनिया में किसी भी क्षेत्र में ऊंचाइयाँ हासिल की हैं, सफलता अर्जित की हैं, उन सभी में सुबह उठने की आदत अवश्य थी। अर्थात सफलता की पहली सीढ़ी है, सुबह जल्दी उठना। आप भी इसे जीवन में उतारिए। जब आप इसे अपनी आदत बना लेंगे, तब आपको इसका महत्व समझ में आएगा, इसके पहले नहीं।

दूसरा मंत्र है भोजन में नियंत्रण रखें। आज बहुत प्रकार के रोग सिर्फ मोटापे के कारण बढ़ रहे हैं। मोटापे से कोलेस्ट्रॉल बढ़ने की समस्या से आपके हृदय रोगों की संभावना ज्यादा बढ़ जाती है। हालांकि मोटापा स्वयं अपने आप में एक रोग है।

स्वस्थ शरीर में ही स्वस्थ आत्मा निवास करती है

जहां तक मैंने महसूस किया है यह विचार पूरी तरह हमारे जीवन में लागू होता है। क्योंकि मैं जब-जब भी बीमार हुआ या कोई शारीरिक चोंट पहुंची, तो पूरा ध्यान हमेशा बीमारी में ही लगा रहता था और मन खिन्नता से भर जाता था। ऐसी स्थिति में यदि कोई धर्म-अध्यात्म की बात करता है, तो मन में उदासी और आत्महीनता

के अलावा कुछ भी पैदा नहीं होता। उस समय बिल्कुल ऐसा महसूस होता है कि मैं कितना जल्दी स्वस्थ हो जाऊँ। मेरे विचार से आपके साथ भी ऐसा ही होता होगा।

जैसा कि दुनिया के सारे धर्मग्रंथ और अध्यात्मिक गुरु कहते हैं कि शरीर महत्वपूर्ण नहीं है, आत्मा महत्वपूर्ण है। लेकिन क्या आत्मा शरीर से बाहर है? क्या शरीर के बिना आत्मा का कोई औचित्य है?

जब आप इस बावत विचार करेंगे तो आपको स्वयं ही समझ में आ जाएगा कि क्या ठीक है, क्या ठीक नहीं है?

जब अध्यात्म यह कहता है कि आत्मा महत्वपूर्ण है तो इसका मतलब यह नहीं है कि शरीर का औचित्य नहीं है। अध्यात्म तो यह कहता है कि सिर्फ शरीर ही महत्वपूर्ण नहीं है, आत्मा का भी महत्व है। शरीर की महत्ता कम नहीं कर रहा। वह तो यह कह रहा है कि शरीर से ऊपर उठने की आवश्यकता है। शरीर से ऊपर उठने का तात्पर्य है कि शरीर का ध्यान रखते हुए आत्मा के स्वरूप का दर्शन करना। अपने मूल स्वरूप को पहचानना कि आखिर मैं कौन हूँ? मेरा क्या स्वरूप है? मेरे जीवन का क्या महत्व है? मुझे जीवन में क्या करना चाहिए?

अध्यात्म सिर्फ इसलिए आत्मा की बात करता है क्योंकि मनुष्य आत्मा से अनभिज्ञ है। शरीर से तो पूरी तरह परिचित है। क्योंकि शरीर को प्रत्यक्ष देख रहा है। इसलिए शरीर की क्या बात करना? शरीर के बारे में बात करना फिजूल है। अध्यात्म का अर्थ ही होता है, आत्मा का अध्ययन करना। जो कि अदृश्य है। जिससे हमारा स्थूल शरीर संचालित होता है। अध्यात्म शरीर का विरोधी नहीं है, वह तो आत्मा का समर्थक है। लेकिन हम सभी लोग सही बात को गलत समझने में समर्थ हैं, बस बात इतनी सी है। सही बात को सही समझने में समर्थ नहीं हैं, इसलिए यह तथ्य हमें विरोधाभास लगता है, जबकि ऐसा है नहीं। शरीर और आत्मा एक दूसरे के पूरक हैं। जैसे सिक्के के दो पहलू होते हैं, ठीक वैसे ही दोनों का एक दूसरे के बिना कोई औचित्य नहीं होता। एक के बिना दूसरे के होने की संभावना ही नहीं है।

तो पहले शरीर है बाद में आत्मा। हमें अपनी जीवन यात्रा को शरीर से शुरू करते हुए आत्मा में खत्म करना है, अर्थात आत्म-अनुभव को उपलब्ध होना है, इसलिए यहाँ हम सबसे पहले शरीर की बात करते हैं। यदि हमारा पहला कदम ठीक नहीं है, तो मंजिल तक पहुंचना असंभव है।

आज आप विश्व में देखिए कितनी ज्यादा शारीरिक बीमारियां बढ़ती जा रहीं हैं। प्रत्येक व्यक्ति किसी न किसी बीमारी का शिकार है। फिर चाहे वह अमीर हो या गरीब। गरीब यदि कुपोषण, मलेरिया, डायरिया आदि से पीड़ित हैं तो अमीर मानसिक तनाव, ब्लड प्रेशर, डायबिटीज, अनिन्द्रा से पीड़ित हैं। और सच तो यह है कि जितनी गरीब के पास बीमारी नहीं हैं, उससे बड़ी बीमारियां अमीरों के पास हैं। दुनिया में जितने लोग कुपोषण से नहीं मरते हैं, उनसे ज्यादा मौतें ज्यादा खाने के कारण होती हैं। क्योंकि बहुत सारी बीमारियां मोटापे के कारण पैदा होतीं है। यह सब इसलिए हो रहा है कि हम अपने शरीर का ध्यान ही नहीं रखते, हम सब जीभ के गुलाम हो गए हैं। हमें बस स्वाद के सिवाय कुछ नहीं दिखता। खाने में हमारा कोई कंट्रोल नहीं है। और सबसे बड़ी विडम्बना यह है कि हम यह सब कुछ जानते हुए कर रहे हैं। यदि कोई अनजान है, तो अलग बात है। जैसे छोटे बच्चे को ये सब बातें नहीं पता होतीं कि उसको क्या खाना चाहिए, क्या नहीं करना चाहिए। उसको पदार्थों के नुकसान फायदे के बावत कुछ पता नहीं होता। लेकिन जब बड़े यह सब कुछ करते हैं, तो बड़ा आश्चर्य लगता है।

आज तो ऐसा लगता है जैसे किसी को अपने जीवन से प्रेम ही नहीं है, लोग कुछ भी खाते हुए नजर आते हैं। फिर चाहे वह पौष्टिक हो या नहीं, साफ सुथरा हो या नहीं। वह चाहे ताजा हो या बासी, इससे किसी को कोई लेना देना नहीं, लोगों को बस स्वाद मिलना चाहिए। और इसी स्वाद के चलते व्यक्ति जरूरत से दो गुना ज्यादा खाता है और अपने शरीर को किसी बोरे के रूप में परिवर्तित कर लेता है। हम स्वयं अपने शरीर को बीमारियों का घर बना देते हैं और बाद में भगवान को कोसते हैं कि हमारे भाग्य में यही लिखा था।

आजकल बाजार में फास्ट फूड, जंकफूड की भरमार है। कोई घर का खाना पसंद नहीं करता। जबकि फास्ट फूड एक तरह का धीमा जहर है। ये सभी ऐसे खाद्य पदार्थों से बने होते हैं, जिससे धीरे-धीरे मनुष्य का लिवर और आँतें बुरी तरह क्षतिग्रस्त होती हैं। धीरे-धीरे पाचन शक्ति कमजोर पड़ने लगती है और पेट कई बीमारियों का घर बन जाता है। फास्ट फूड में इतनी ज्यादा वसा की मात्रा होती है कि शरीर को जरूरत से ज्यादा एनर्जी मिलती है। और यही एनर्जी मोटापे के रूप में परिवर्तित हो जाती है।

ऐसा नहीं है कि हम यह सब जानते हुए नहीं करते, अवश्य करते हैं। अब इसमें भाग्य का क्या दोष और भगवान को क्यों कोसना?

मन चंगा तो कठौती में गंगा

इस छोटी सी कहावत में मनुष्य जीवन का पूरा सार है। यह बहुत ही प्रयोगिक और अत्यन्त प्रमाणिक वाक्य है। इस कहावत में पूरा का पूरा जीवन दर्शन छुपा है। मनुष्य जाति की पूरी समस्या और अथाह आंनद, मन के सागर में ही समाहित है। मुझे तो ऐसा लगता है कि दुनिया के सारे धर्मग्रंथ इस मन को समझाने के लिए ही लिखे गए हैं। क्योंकि मनुष्य के भीतर पाई जाने वाली शक्तियों में सबसे प्रबल मन ही है। इसलिए मन को सारी इंद्रियों के ऊपर माना जाता है। हमारी पूरी इंद्रियां मन के ही आदेश का पालन करती हैं। बिना मन के इंन्दियों की कोई कीमत नहीं है।

कहावत का भावार्थ बस इतना है कि जब आप प्रसन्न होते हैं, तब आपके पास पूरे संसार का आनंद होता है और जैसे ही आप दुखी हो जाते हैं, वैसे ही संसार का पूरा नर्क आपके पास होता है अर्थात हम लोग जिस स्वर्ग और नर्क की बात करते हैं, वो यही है। प्रसन्नता ही स्वर्ग है और दुख ही नर्क है। और प्रसन्नता तथा दुख ये दोनों मन की स्थितियां है। मन के कारण ही आप अच्छा और बुरा अनुभव करते हैं। वैसे तो संसार में न कुछ अच्छा है और न कुछ बुरा, यह तो हमारे मन की पंसद है। आप किस चीज को अच्छा कहते हैं और किन चीज़ों को बुरा कहते हैं, यह आपकी पंसद के ऊपर निर्भर है। और पसंद आपके मन का खेल होता है।

क्या ऐसा नहीं है कि आप जिस चीज को अच्छा कहते हैं, दूसरे उसे बुरा कहते हैं और जिसे आप बुरा कहते हैं, दूसरे उसे अच्छा कहते हैं? यह जीवन का यथार्थ है। इसलिए संसार में कुछ भी बुरा नहीं है। उदाहरण के लिए जब आप किसी कपड़े की दुकान में कपड़ा खरीदने जाते हैं, तो बहुत सारी शर्ट टंगी होती हैं। आप जिस शर्ट को बेकार समझकर रिजेक्ट कर देते हैं, वहीं दूसरा ग्राहक उसी शर्ट को खरीद लेता है। जिस शर्ट को आप खरीद लेते हैं, वह भी किसी के द्वारा रिजेक्ट की हुई होती हैं। अब आप ही बताइए कि कौन सी शर्ट अच्छी है, कौन सी बुरी? आपके पास इसका सिर्फ एक ही जवाब होगा, कि अपनी-अपनी पसंद है।

यदि आप जीवन में आनन्दित रहना चाहते हैं, तो सबसे पहले आपको यह धारणा बनानी होगी कि ईश्वर के द्वारा रचे गए संसार में कुछ भी बुरा नहीं है। एक भी व्यक्ति बुरा नहीं होता। कोई वस्तु भी बुरी नहीं होती। सबकी अपनी-अपनी उपयोगिता है। और जिसे हम बुरा मानते हैं वह हमारे मन की पसंद है। अर्थात् जगत में जो भी कुछ हो रहा है वह प्रकृति के नियम के अनुसार ही हो रहा है, इसमें मनुष्य की कोई भूमिका नहीं है।

उदाहरण के लिए यदि कोई व्यक्ति बुरे काम कर रहा है (जिसे हम बुरा कहते हैं) तो वह भी अपने स्वभाव के अनुसार ही कर रहा है। जैसे आप जो भी कर रहे हैं, अपने स्वभाव के अनुसार कर रहे हैं। आप भी कर्म कर रहें हैं, दूसरे भी कर्म कर रहे हैं। अब कौन अच्छा है और कौन बुरा, यह कैसे निर्धारित कर सकते हैं? यहाँ सिर्फ आइंस्टीन के सापेक्षिकता का सिद्धान्त लागू होता है। अच्छाई और बुराई सिर्फ सापेक्ष होती है।

जैसे कोई व्यक्ति शाकाहार पसंद करता है तो वह मांसाहार को बुरा मानता है। और मांसाहार करने वाला व्यक्ति मांसाहार को बुरा नहीं मानता, वह तो शाकाहार को घास-फूस मानता है। और मजे की बात यह है कि दोनों ही जिन्दा रहते हैं, दोनों ही खुश रहते हैं। हर जगह आपको सिर्फ पसंद नापसंद का खेल दिखाई देगा।

तो जिस दिन आपके जीवन से (बुरा सोचने की) नकारात्मकता विदा हो जाती है, तभी आपको संसार में सब कुछ अच्छा लगने लगता है। क्योंकि तब आप अच्छे की ओर आकर्षित नहीं होते, इसलिए तभी आपके भीतर समभाव का जन्म होता है। धीरे-धीरे आप अच्छे और बुरे के पार निकल जाते हैं, और जीवन महाआनंद में परिवर्तित हो जाता है।

महान दार्शनिक ओशो ने कहा है कि प्रेम ही आंनद है और घृण ही दुख। प्रेम ही स्वर्ग है और घृणा ही नर्क। यही जीवन का यथार्थ सत्य है।

इसलिए जब हम किसी को बुरा कहते हैं तो उससे घृणा पैदा होती है, क्योंकि हमारा मन घृणा से भर जाता है और तभी हम नर्क में प्रवेश कर जाते हैं। यही हमारे जीवन के आनन्द में सबसे बड़ी बाधा है। इसलिए बुराई सिर्फ हमारे भीतर घृणा, द्वेष और तिरस्कार पैदा करती है, इसी कारण हमारे जीवन में प्रेम पैदा नहीं हो पाता। वह प्रेम, जो मनुष्य से मनुष्य के बीच होना चाहिए। वह प्रेम, जो मनुष्य और समष्टि के

बीच होना चाहिए। हम पूरी तरह प्रेम को उपलब्ध ही नहीं हो पाते। और इसी कारण जीवन के महाआनन्द से वंचित रह जाते हैं।

मन के हारे हार है, मन के जीते जीत

मनुष्य के अन्दर ऊर्जा का अपार भण्डार होता है। यह अलग बात है कि ज्यादातर मनुष्य इसे महसूस करने में सक्षम नहीं होते। कुछ लोग ही भीतर की ऊर्जा का अनुभव कर पाते हैं और वही संसार में आनंद को उपलब्ध होते हैं। अपनी भीतर की ऊर्जा को कौन, कितना रूपांतरित कर पाता है, यह स्वयं व्यक्ति पर निर्भर होता है। यह अलग बात है कि सभी लोग ऐसा नहीं कर पाते, क्योंकि ऊर्जा का पता ही नहीं होता।

यदि किसी व्यक्ति को भीतर की ऊर्जा का पता लगाना है तो उसके लिए सबसे अच्छा तरीका यह है कि विषम परिस्थितियों में गुजरा हुआ वक्त याद करें और भीतर की ऊर्जा का एहसास करें। आपके जीवन में कभी न कभी ऐसा वक्त जरूर आया होगा, जब परिस्थितियां बिल्कुल असामान्य रही होंगी और सहारे का कोई चारा नहीं रहा होगा, तब भी आपने परिस्थितियों का मुकाबला किया होगा। वास्तव में विपरीत परिस्थितियों में ही भीतर की ऊर्जा का पता चलता है।

मैं अपने जीवन का एक अनुभव आपके साथ बांटना चाहता हूँ, हो सकता है आपको समझने में आसानी हो।

मैं 2012 में अमरनाथ की यात्रा पर गया। आपको पता होना चाहिए कि अमरनाथ यात्रा लगभग चालीस किलोमीटर में पूर्ण होती है। बीच में दो पड़ाव, शेषनाग और पंचतरणी आते हैं। जहां पर रात्रि को विश्राम करना होता है। पहले पड़ाव तक तो सब कुछ ठीक-ठाक रहा, लेकिन दूसरे पडाव पंचतरणी में रात को मुझे बुखार आ गया। क्योंकि ठंड बहुत ज्यादा थी। तंबू पर सोने के लिए जमीन का ही सहारा था। जमीन में नीचे पूरी तरफ बर्फ जमी थी। उस पर बुखार आने के बाद पेरासीटामोल की टेबलेट ली, थोड़ा आराम हुआ। लेकिन सुबह चलने की हिम्मत नहीं हो रही थी। मेरे ग्रुप में सोलह लोग थे और सुबह सात बजे यात्रा प्रारंभ करनी थी। हालांकि एक रास्ता था कि घोड़े के द्वारा यात्रा की जा सकती थी, लेकिन सभी लोग पैदल चलने पर राजी थे। सो मैं भी हिम्मत जुटाकर चलने को तैयार हुआ। धीरे-धीरे भीतर की ऊर्जा का

सहारा मिलने लगा। बीस किलोमीटर की यात्रा पैदल ही तय की, वह भी बिना भोजन के। क्योंकि वहाँ लंगर में इतनी भीड़ होती थी कि खाने की हिम्मत ही नहीं होती थी।

इस यात्रा के बाद मैंने अनुभव किया कि मनुष्य के भीतर अनंत ऊर्जा का स्रोत होता है। यदि हमारे भीतर किसी कार्य को लेकर उत्साह है तो कोई भी बाधा मंजिल तक पहुँचने से रोक नहीं सकती। आपको याद होगा कि जब हनुमान जी को सीताजी की खोज के लिए लंका जाना था। लेकिन हनुमान जी समुद्र को देखकर घबरा गए। उन्हें लगा कि इतना बड़ा सागर मैं कैसे पार कर पाऊंगा? उन्होंने सेना के सामने समुद्र पार करने की असमर्थता जताई। तब जामवंत ने हनुमान जी के भीतर एकत्रित शक्तियों का आभास कराया। उनको यह बताया कि ऐसा कार्य तो आप अपने बचपन में बहुत बार किए हैं, अब इसे करने में क्या कठिनाई है? तब हनुमान जी को अपनी शक्तियों के बारे में एहसास हुआ और वो समुद्र पार करके लंका पहुंचकर सीताजी की खोज करने में सफलता प्राप्त की।

जब आप भी अपने अतीत में झांक कर देखेंगे तो आपको भी इसी तरह की घटना घटी हुई मिलेगी, लेकिन हम अपने अतीत से कुछ सीखना ही नहीं चाहते। जबकि हमारा अतीत ही सबसे बड़ा गुरु होता है। और यदि हम देखते भी हैं तो बुरी चीज़ों को याद करते हैं, जिससे हमारे भीतर सिर्फ नकारात्मकता पैदा होती है। जबकि बीते हुए पलों के संघर्ष को सजोंकर रखने की जरुरत होती है।

शरीर के लिए व्यायाम तो मन के लिए ध्यान आवश्यक है

जिस प्रकार आप शरीर को स्वस्थ रखने के लिए व्यायाम करते हैं मालिश करते हैं, स्नान करते हैं, उसी प्रकार मन को निर्मल रहने के लिए ध्यान परम आवश्यक है। क्योंकि ध्यान, मन का उपचार है। हमारे मन में कई तरह की बुराइयों की श्रृंखला बनती बिगड़ती रहती है, इसलिए मन संसार के तमाम उपद्रवों से लड़ता रहता है। चूंकि बहुत सारा अवशिष्ट कचरा मन में एकत्रित हो जाता है, इसलिए इस कचरे को साफ करने के लिए ध्यान और सिर्फ ध्यान की आवश्यकता होती है। हकीकत तो यह है कि संसार में मनुष्य जितना ख्याल शरीर का करता है, उतना ख्याल यदि मन का करे, तो संसार से बीमारी ही खत्म हो जाए। मनोवैज्ञानिकों ने प्रयोगों से सिद्ध

किया है कि मनुष्य की नब्बे प्रतिशत बीमारियां मानसिक कारणों के कारण होती हैं। फिर चाहे वे बीमारियां शारीरिक ही क्यों न हों। अब यह अलग बात है कि मनुष्य इस बात को स्वीकार करे या न करे। असल में इसका कुल कारण इतना सा है कि शारीरिक बीमारी प्रत्यक्ष रूप से दिखती है और मानसिक बीमारी अप्रत्यक्ष होती है। इस बात को ऐसा भी कह सकते हैं कि शारीरिक बीमारी केवल मानसिक बीमारी का परिणाम होती है।

हमारे जीवन में भय, लोभ, लालच, घृणा, चिन्ता आदि सभी चीज़ें मन के कारण ही तो पैदा होती हैं। शरीर इनमें से किसी में कोई भी प्रतिक्रिया नहीं करता। लेकिन इन सभी चीज़ों का परिणाम शरीर में दिखता है, इसलिए चिन्ताग्रस्त व्यक्ति कभी भी शारीरिक रूप से स्वथ्य नहीं रह सकता। हमारे शरीर में बहुत सारी बीमारियां पाचन सम्बन्धी कारणों के कारण भी होती हैं और पाचन, निद्रा से संबंधित क्रिया होती है। चूंकि चिन्ताग्रस्त मनुष्य को ठीक तरह से नींद नहीं आती, इसलिए अनिन्द्रा ही तमाम बीमारियों की जड़ मानी जाती है।

ध्यान मन को भयमुक्त करने का सबसे उत्तम साधन है। जब हम ध्यान में धीरे-धीरे गहरे उतरने लगते हैं, तब हमें जीवन का असली स्वरूप समझ में आने लगता है। जीवन की सच्चाई से हम रूबरू होने लगते हैं। भय का क्या कारण है? यह समझ में आने लगता है और मनुष्य भय के पार की यात्रा धीरे-धीरे करने लगता है। जिसके परिणाम स्वरूप मन की समस्त समस्याएं विदा होने लगती हैं और जीवन आनन्द से भरना शुरू हो जाता है।

ध्यान के द्वारा विचलित मन को शांत किया जा सकता है, लेकिन यह संभव तभी हो पाता है, जब हम ध्यान में उतरते हैं। क्योंकि हम जानते हैं कि शब्द कभी भी तथ्य नहीं होता, तथ्य की सिर्फ अनुभूति की जा सकती है, इसलिए अनुभूति ही जीवन का परम सत्य है। इसलिए यदि आप चाहते हैं कि जीवन आंनदित हो, शांत हो, तो ध्यान को आजमाइए। क्योंकि सिर्फ ध्यान कह देने से या ध्यान शब्द का अर्थ जान लेने से आप ध्यान में नही उत्तर सकते। ध्यान में उतरने के लिए एक घंटा शांत बैठना होगा। शुरू-शुरू में यह आपको बहुत उबाऊ महसूस होगा, जैसा कि प्रत्येक कार्य शुरू में कष्टदायी व उबाऊ महसूस होता है। लेकिन जैसे-जैसे आप रोज ध्यान

करने लगते हैं और ऊबने की सीमा पार कर जाते हैं, तभी आप जान पाते हैं कि ध्यान जीवन में कितना आवश्यक है।

आज संसार में कितनी मानसिक बीमारियां पैर पसार चुकी हैं, यह आप सभी लोग अच्छी तरह से जानते हैं। तनाव, अनिंद्रा, सेक्सुअल समस्याएं, सम्बन्ध विच्छेद, पारिवारिक समस्या, भय, चिन्ता आदि सब मानसिक बीमारियां है। इनमें से कोई भी बीमारी शारीरिक नहीं हैं। ये सभी हमारे द्वारा स्वयं पैदा की जाती हैं। इसलिए इनका इलाज भी हमारे पास स्वंय होता है। बस जरूरत है, तो उचित जानकारी की। लोग जानकारी के अभाव में डॉक्टर, पीर, बाबाओं, तांत्रिकों के द्वार पर चक्कर लगाते हैं और तरह-तरह की ठगी के शिकार होते हैं। इनमें से कई आर्थिक रूप से, कई शारीरिक रूप से और कई मानसिक रूप से शोषण का शिकार होते है। व्यक्ति सिर्फ शोषित होता है और उसके हाथ कुछ नहीं लगता।

ध्यान इन सभी रोगों का, सभी तरह के शोषण का उत्तम विकल्प है। ध्यान में व्यक्ति स्वयं के द्वारा पैदा की हुई समस्याओं को ठीक तरह से देख पाता है और उनका ठीक निदान कर पाता है। जो लोग रोज ध्यान करते हैं, उन्हें किसी के पास जाने की जरूरत नहीं होती। और उनके जीवन में मानसिक समस्याएं भी पैदा नहीं होतीं। क्योंकि वो जीवन को सही ढंग से देख पाते हैं। जैसा कि आप जानते हैं कि अज्ञानता ही समस्त दुखों का मूल कारण है। ध्यान हमारी मानसिक अज्ञानता को समाप्त करने की विधि है। ध्यान के द्वारा ही आप जीवन के सत्य को देखने में समर्थ हो पाते हैं, इसलिए ध्यान, जीवन के सभी द्वंद्वो को समाप्त कर देता है। आपके भीतर कोई अर्न्तविरोध नहीं रह जाता। और जब आपके भीतर अर्न्तविरोध समाप्त हो जाता है, तभी आप आंनद की अवस्था को प्राप्त कर पाते हैं।

व्यस्त रहो मस्त रहो

कहा जाता है कि खाली दिमाग शैतान का घर होता है। यह बहुत अनुभव की बात है। आपने भी शायद कभी अनुभव किया होगा, कि जब दिमाग खाली होता है तो दिमाग में अतीत की घटनाओं पर प्रतिक्रिया होती रहती है या फिर भविष्य के बारे में योजनाएं बनती रहती हैं। मस्तिष्क वर्तमान से दूरी बनाए रखता है, इसलिए

अधिकतर अतीत की अच्छी-बुरी घटनाओं की श्रृंखला बनती बिगड़ती रहती है। मस्तिष्क का वर्तमान में न होना ही घातक होता है। शायद दुख का कारण भी यही है।

आपने अनुभव किया होगा कि जब आप कोई कार्य जीवन में पहली बार कर रहे होते हैं, तो आपका पूरा ध्यान उसी कार्य में लगा रहता है। क्योंकि तब मस्तिष्क आदत का शिकार नहीं होता। आदत बनने के लिए किसी कार्य को बार-बार करना पड़ता है, तब मस्तिष्क पूरी तरह मैकेनिकल हो जाता है। आप कार्य भी करते रहते हैं और अतीत तथा भविष्य में गोते भी लगाते रहते हैं। जैसे साईकिल चलाना, कार चलाना। इसलिए मनोवैज्ञानिकों ने प्रयोगों से सिद्ध किया है कि यदि आप मस्तिष्क को जवान रखना चाहते हैं तो हमेशा कुछ नया सीखते रहें, कुछ नया सीखने की आदत बनानी चाहिए। जब आप नया सीखते हैं, तो मस्तिष्क पूरी ऊर्जा के साथ कार्य करता है और वर्तमान में स्थित रहता है। उसके पास अतीत और भविष्य के लिए जगह नहीं बचती। व्यस्त रहने के लिए यह सबसे अच्छी स्थिति होती है।

मनुष्य हमेशा ही कुछ ऐसा करना चाहता है, जिसकी कोई कीमत हो। हम प्रत्येक कार्य को धनोत्पार्जन से जोड़ते हैं, इसलिए जिसकी कोई कीमत नहीं होती, हम वह कार्य नहीं करना चाहते। जबकि ऐसा होना खतरनाक है। हमें आंनद के लिए भी कार्य करते रहना चाहिए। उससे कुछ हासिल भले न हो, कम से कम व्यस्तता तो जरूर हासिल होगी और आंनद भी मिलेगा। इसके लिए आप अपनी पसंद का कोई भी कार्य चुन सकते हैं। कोई भी रचनात्मक कार्य आपको आनंद से भर देगा। उदाहरण के लिए संगीत सीखना, लेखन, पेंटिंग बनना, सामाजिक उत्थान के कार्य करना, पुस्तकों का अध्ययन करना और धार्मिक समारोहों में भाग लेना, आदि-आदि। इनमें से कोई भी कार्य आपको रोमांच और आंनद की अनुभूति देगा। हम इस तरह से भी अपने आपको व्यस्त रख सकते हैं।

व्यस्त रहने के लिए आपको परहित की आदत डालनी चाहिए। आपने देखा होगा कि हम लोग जीवन पर्यंत सिर्फ अपने हित और आंनद के बारे में सोचते और करते हैं। कभी दूसरों के आंनद के लिए नहीं सोचते। हमें दूसरों के आनंद के लिए भी कभी साधन बनकर जीना चाहिए। जब आप दूसरों के आनंद के लिए कार्य करते हैं, तो आपको इतना आनंद मिलता है कि उसे शब्दों के द्वारा नहीं बताया जा सकता।

सिर्फ उसको अनुभव किया जा सकता है। कभी यह प्रयोग करके देखें। सुनने या उसके पढ़ने से आप परहित का आनंद नहीं ले सकते। परहित का आनंद लेना है, तो परहित करके देखना होगा।

व्यस्त रहने के लिए सृजनात्मक (CREATIVE) बनें। सोचना और करना, दों अलग-अलग चीज़ें होती हैं। सोचना, मनुष्य को चिन्तित करता है। सिर्फ सोचने से मन में नकारात्मकता पैदा होती है। इसलिए व्यक्ति को क्रियाशीलता (ACTIVITIES) पर ध्यान देना चाहिए। क्रियाशील (ACTIVE) बने रहने के लिए कर्मेन्द्रियों का सहारा लेना पड़ता है। कर्मेन्द्रि में मुख्यतः हाथ का प्रभाव सबसे ज्यादा रहता है। आप जितना ज्यादा हाथ का प्रयोग करेंगे, आप उतने ही व्यस्त और क्रियाशील रहेंगे।

हालांकि देखा जाए तो प्रत्येक व्यक्ति हर समय किसी न किसी कार्य में व्यस्त ही रहता है। बस फर्क इतना है कि अधिकतर लोगों की व्यस्तता नकारात्मकता (NAGETIVE DIRECTION) में रहती है। हम दूसरों की निंदा करने में, दूसरों का उपहास करने में, जुए खेलने में, शराब पीने में, मोबाइल में सोशल साइट्स में व्यस्त रहते हैं। इस तरह की व्यस्तता दूसरों को तो दुख देती ही है, स्वयं को भी हानि पहुंचाती है। ऐसी व्यस्तता मनुष्य को जीवन में सिर्फ क्रोध, घृणा, द्वेष और आर्थिक हानि ही देती है। यदि आपको लगता है कि ऐसा नहीं है तो अपने बीते हुए जीवन का अवलोकन करें। आप पाएंगे कि इसके सिवाय कुछ मिला ही नहीं।

यदि आप चाहते हैं कि जीवन में आनंद ही आनंद हो तो दूसरो को आनंद देने की आदत डालिए। मस्तिष्क हमेशा आदत का गुलाम होता है। आप जैसी आदत चाहें, वैसी बना सकते हैं। बस देर है तो आपके शुरुआत करने की। जैसे ही आप संकल्प लेते है कि मुझे जीवन में दूसरों को आनंद देना है तो आपके भीतर बदलाहट शुरु हो जाती है। संकल्प ही मनुष्य को नया आयाम प्रदान करता है। इसलिए आदत बदलने के लिए सबसे जरूरी नियम यह है कि बुरी आदत को छोड़ने के बजाय अच्छी आदत को अपनाना पड़ता है। आप बुरी आदत को छोडने में सिर्फ ऊर्जा खर्च करते हैं फिर भी बुरी आदत छूटती नहीं, क्योंकि मस्तिष्क छोड़ने में नहीं, पकडने में विश्वास रखता है। यह मस्तिष्क का नियम है। इसलिए अच्छे कार्यों में व्यस्त रहने की आदत डालिए और जीवन को आनंद से भर लीजिए।

स्वस्थ, मन और सफलता

इस वाक्य पर आपको विश्वास हो या नहीं, लेकिन जीवन की हकीकत यही है। आधुनिक मनोविज्ञान भी इस बात को सिद्ध कर चुका है कि मनुष्य की सफलता और असफलता दोनों मन की स्थिति है। हमारा सुख और दुख भी मनःस्थिति पर निर्भर करता है, जो हमारी ही वृत्तियों का परिणाम है। यदि हम यह मान लें कि हमारा सुख और दुख तथा सफलता और असफलता हमारे ऊपर ही निर्भर है, तो सारी समस्या ही खत्म हो जाती है।

महान दार्शनिक ओशो कहते हैं कि जो मनुष्य अपने सुख-दुख और अपने स्वर्ग-नर्क की जिम्मेदारी स्वयं ले लेता है, वही सच्चे अर्थों में धार्मिक है। वो कहते हैं कि "मैं ही जिम्मेदार हूँ" यह घोषणा ही व्यक्ति को धार्मिक बनाती है। उसके जीवन में धर्म की शुरुआत हो जाती है।

लेकिन क्या हमारे जीवन में ऐसा है? नहीं ऐसा क्यों नहीं है?

ऐसा इसलिए नहीं है कि हम अपनी हार को दूसरों के कंधो पर टाल देते हैं। क्योंकि हम अपनी जिम्मेदारी के प्रति ईमानदार नहीं हैं। यह ज्यादातर असफलता में लागू होती है। बल्कि यह कहें की पूरी तरह लागू होती है। इसलिए हम यदि जीवन में कुछ सफलता हासिल करते हैं तो उसकी जिम्मेदारी तो बढ़-चढ़कर लेते हैं, लेकिन यदि असफल हुए तो तुरंत दूसरों पर टाल देते हैं। हम यही कहते हैं कि हमारा समय अच्छा नहीं चल रहा। ईश्वर हमसे रूठ गया है। हमारा भाग्य साथ नहीं दे रहा। हमारे सितारे ठीक नहीं है।

हम अपनी असफलता को स्वयं से संबंधित व्यक्तियों पर टाल देते हैं। परिस्थितियों का हवाला देते हैं और समाज को भी दोषी मान लेते हैं। ऐसा है, कि नहीं? यह आप ही सोचिए।

परन्तु ठीक इसके उलटे क्या हम सफलता को भी दूसरों पर टालते हैं? तो आपका जवाब शायद नहीं होगा। आखिर हम ऐसा क्यों करते हैं? हमें इस बात पर गंभीरतापूर्वक विचार करने की आवश्यकता है।

मुझे जहां तक समझ में आता है कि ऐसा इसलिए होता हैं कि हम सब अहंकार से भरे हुए हैं। हमारा अहंकार ही हमारे जीवन का सबसे बड़ा नर्क है।

जब हम सफल होते हैं तो अपनी जिम्मेदारी लेकर अपने अहंकार का पोषण करते हैं। दुनिया को यह दिखाते हैं कि अपने मन के संकल्प से कर लिया और लोग हमारी तारीफ करते हैं, तो हमें आनन्द प्राप्त होता है। हमें ऐसा लगता है कि हमारे अंदर भी ज्ञान है, शक्ति है और सामर्थ्य है।

परन्तु जब हम असफल होते हैं तो अपनी जिम्मेदारी सिर्फ अंहकार के कारण नहीं लेते। क्योंकि यदि जिम्मेदारी मैंने ली, तो लोग हमारी बुराई करेंगे, अयोग्य घोषित करेंगे, अज्ञानी कहेंगे। और हम स्वयं को अयोग्य और अज्ञानी घोषित नहीं करना चाहते, इसलिए यहीं से हमारा पलायन शुरू हो जाता है और असफलता की पहली सीढ़ी का निर्माण हो चुका होता है। क्योंकि जब हम असफलता की जिम्मेदारी दूसरे व्यक्ति पर, समाज पर तथा परिस्थितियों पर टालते हैं, तो हमारी जिम्मेदारी खत्म हो जाती है। जिससे हमारी जूझने की क्षमता का विकास रुक जाता है। पूरा संघर्ष ही खत्म हो जाता है। और हम यह मानने लगते हैं कि जब समय ठीक हो जाएगा तथा बाकी परिस्थितियां सामान्य हो जाएंगी, तो सफलता मिलना निश्चित ही है। इसी को पलायनवाद कहा जाता है।

क्या हम सबके जीवन में ऐसा नहीं है? इस पर आप विचार कीजिए। क्या ऐसा होना चाहिए? इसका फैसला भी आप स्वयं कीजिए।

❑

अति सर्वत्र वर्जयेत्

किसी भी क्षेत्र में अतिवाद के शिकार न बनें

हमें यह तो मानना पड़ेगा कि हमारे जीवन में दुख हमारे ही कारण हैं। हमारी अपनी ही दिनचर्या के कारण समस्त प्रकार के रोगों की उत्पत्ति होती है। मनुष्य के जीवन में एक ऐसा रोग भी होता है, जिसे हम अति रोग कह सकते हैं। इस रोग में व्यक्ति पूरा पागल तो नहीं, लेकिन अर्ध पागल अवश्य हो जाता है। व्यक्ति जिस चीज के पीछे लग जाता है, उसी को जीवन समझने लगता है। और धीरे-धीरे यह आदत उसको शिकंजे में ले लेती है और पूरा जीवन एक ही चीज के पीछे बर्बाद हो जाता है। व्यक्ति जीवन के सम्पूर्ण सौन्दर्य और आनंद से वंचित रह जाता है।

आप भी थोड़ा विचार कीजिए कि कहीं आपके साथ भी तो ऐसा नहीं हो रहा?

यदि नहीं, तो अच्छी बात है और यदि हां, तो थोड़ा सोचना पड़ेगा। फिर अतिवाद से बचने के लिए कोशिश करनी होगी। अपनी दिनचर्या को बदलने की आवश्यकता पड़ेगी। समय प्रबंधन (Time management) की नीति व विधियों को अपनाना होगा। अब आपके दिमाग में यही बात उठ रही होगी कि यह अति का रोग क्या है, यह कौन सा नया रोग है?

आपका जो भी कार्य आपके शारीरिक, मानसिक, पारिवारिक, सामाजिक, आर्थिक और अध्यात्मिक आनंद को बाधित करता हो, वही अतिरोग है।

उदाहरण के लिए ज्यादा खाना या कम खाना, अधिक सोना या कम सोना, अधिक आलस्य, अधिक सोचना, अधिक बोलना अथवा नहीं बोलना, अधिक

क्रोध करना और धन अर्जित करने के पीछे समस्त सुखों का बलिदान करना आदि-आदि।

आज तो मनोवैज्ञानिक यह सिद्ध कर चुके हैं कि मनुष्य की नब्बे प्रतिशत बीमारियां मानसिक होती हैं। क्योंकि हमारा पूरा शरीर मतिष्क के आधीन रहता है, इसलिए शरीरिक और मानसिक बीमारियां ज्यादा सोचने के कारण ही पैदा होती हैं। वह भी किसी एक दिशा में ज्यादा या एक ही विषय में लगातार सोचने के कारण पैदा होती हैं।

हमारी शारीरिक बीमारियां भी स्वयं की पैदाइश होती हैं। ज्यादा खाने के कारण मोटापा बढ़ता है और मोटापे के कारण डायबिटीज, हृदयरोग, हड्डियों में दर्द (घुटने में दर्द), हाइपरटेंशन आदि बीमारियां पैदा होती है। जब हम ज्यादा कैलोरी का भोजन करते हैं और शारीरिक श्रम नहीं करते, तब पाचन तंत्र खराब हो जाता है। जिसके कारण कब्ज, गैस और पेट दर्द आदि की समस्या स्थाई बन जाती है।

आलस्य को मनुष्य के जीवन का सबसे बड़ा शत्रु कहा गया है। क्योंकि आलस्य के कारण आपके कोई भी कार्य समय पर पूर्ण नहीं हो पाते। जिसके कारण आर्थिक हानि भी उठानी पड़ती है। मन में डिप्रेशन बना रहता है। व्यक्ति आत्मनिंदा व कुठा का शिकार हो जाता है। भारत देश आलस्य के कारण ही गरीब है। सम्पूर्ण प्राकृतिक संपदाओं से भरपूर होने के बाद भी यदि हम गरीब हैं, तो अपने आलसी स्वभाव के कारण।

एक बार एक विदेशी व्यक्ति भारत भ्रमण के लिए आया और पूरा देश घूमने के बाद उसने भारत के बारे में यही कहा कि भारत एक अमीर देश है, जहाँ पर गरीब लोग बसते हैं। कहने का तात्पर्य यही है कि सब कुछ होते हुए भी अपने आलस्य के कारण जनता गरीब है।

अब हम उस विषय पर बात करेंगे जिसके पीछे संसार का हर व्यक्ति पागल हुआ जा रहा है, वह है दौलत। आज प्रत्येक व्यक्ति की पहली और आखिरी चाहत ज्यादा से ज्यादा दौलत कमाने की है, फिर चाहे उसके लिए सम्पूर्ण जीवन दांव पर क्यों न लगाना पड़े। कुछ लोग धन कमाने के पीछे वास्तव में पागल हो जाते हैं। लोग आत्महत्मा तक कर लेते हैं। पैसे के नशे में अपनी मानवीय संवेदनाओं को बेच देते

हैं। और मजे की बात यह है कि जिस आनन्द को प्राप्त करने के लिए पैसे के पीछे इतनी भागदौड़ है, उस आनन्द के लिए समय ही नहीं है। जीवन पूरा बीत जाता है, तब कहीं जाकर व्यक्ति को होश आता है कि मैंने पूरा जीवन व्यर्थ में बिता दिया।

हर व्यक्ति यही सोचता है कि पहले धन इकट्ठा कर लें, बाद में आनन्द उठायेंगे। लेकिन धन अर्जित करने की आदत जीवन भर नहीं छूटती और पूरा जीवन धनार्जन में ही बीत जाता है। जब धन हो जाता है तब व्यक्ति धन का आनन्द उठाने के लायक ही नहीं बचता।

यह वही स्थिति होती है कि जब दांत हैं, तब चने नहीं और जब चने हैं, तब दांत नही। लगभग मनुष्य की ऐसी ही हालत हो जाती है। तो जिस प्रकार अधिकता कष्टदायक है उसी प्रकार कमतरी भी कष्टदायक है, जैसे कम सोना।

आज पूरे संसार में निद्रा के अभाव के कारण करोड़ों लोग तरह-तरह की बीमारियों से ग्रसित हैं। नींद पूरी नहीं होने के कारण व्यक्ति क्रोधी हो जाता है। पाचन तंत्र की कार्यप्रणाली प्रभावित होती है। व्यक्ति ब्लडप्रेशर, पैरालाइसिस, बेन ट्यूमर, आंखों के रोग का शिकार हो जाता है। पूरा का पूरा जीवन ही अस्त-व्यस्त हो जाता है।

लोग नींद के लिए नींद की गोलियां, शराब और कई तरह के ड्रग्स के आदी हो रहे हैं। हालांकि यह सब कुछ धन के पीछे भागने के ही परिणाम है। व्यक्ति दौलत अर्जित करने के पीछे सोना भी भूलता जा रहा है। जबकि स्वस्थ व्यक्ति के लिए कम से कम आठ घंटे की नींद तो आवश्यक है।

इसी प्रकार परिवार को समय न देना भी बहुत सी समस्याओं को पैदा करना है। आज तलाक के बढ़ते प्रतिशत को देखने पर पता चलता है कि पति-पत्नी में सामंजस्य नाम की चीज ही नहीं बची। क्योंकि दोनों के पास एक-दूसरे के लिए समय ही नहीं बचता। बच्चे माँ-बाप के प्यार को तरस जाते हैं। इस प्रकार के लोगों के अवैध संबंध भी बन जाते हैं और अन्ततः मामला तलाक पर जाकर खत्म होता है। जिससे बच्चों का जीवन अस्त-व्यस्त हो जाता है और पूरी सामाजिक व्यवस्था प्रदूषित हो जाती है।

इनसे बचने के लिए क्या करें?

1. नियमित और व्यवस्थित दिनचर्या बनाएं।
2. समय प्रबंधन की विधियों का उपयोग करें।
3. दूसरों की होड़ से बचें।
4. धन ही जीवन है, ऐसी सोच को बदलें।
5. अपनी क्षमता के अनुसार ही कार्य करें।

एक अति को छोड़कर दूसरी अति पर न जाएं

प्रायः यह देखा गया है कि लोग एक अति को छोड़कर उसके सापेक्ष दूसरी अति को अपना लेते हैं और जीवन, फिर अति के घेरे में ही घिरा महसूस होने लगता है। जैसे कोई व्यक्ति धन के शिकंजे में जकड़ा हुआ है तो उसे सारे संसार का सुख सिर्फ धन के इर्द-गिर्द नजर आता है। लेकिन कभी कभार भगवत कृपा से या स्वाध्याय से अथवा किसी संत के मार्गदर्शन से उसका बंधन छूटता है, तो वह वानप्रस्थी या सन्यासी हो जाता है। घर-द्वार छोड़कर किसी निर्जन स्थान पर तपस्या करने लगता है या किसी आश्रम में अपना जीवन व्यतीत करने लगता है। वह अपने नियत कर्मों को भूल जाता है। अपने स्वयं के आनन्द के लिए पूरे परिवार को दुख के समंदर में डूबा देता है।

इस प्रकार यह दूसरी अति हो गई। पहले व्यक्ति धन के घेरे में था, बाद में वह वैराग्य के घेरे में घिर गया। स्थिति जस की तस बनी हुई है। पहली अति में परिवार को सुख-आनन्द देने के लिए स्वयं दुख के घेरे में जीवन जीता है और दूसरी अति में स्वयं को आनंदित करने के लिए पूरे परिवार को दुख के घेरे में छोड़ देता है। देखा गया है कुछ लोग ज्यादा भोजन करके अपना वजन खूब बढ़ा लेते हैं और जब उनको वजन के कारण शारीरिक कष्ट होने लगता है, तब डाइटिंग पर उतर आते हैं। वजन कम करने के चक्कर मे अल्पाहार शुरू करे देते हैं, जिसके कारण शारीरिक दुर्बलता महसूस होने लगती है। और फिर डॉक्टर के घर के चक्कर लगाते हैं।

मैं एक ऐसी महिला को जानता हूँ जिसे घर को साफ रखने का नशा था। पूरे

दिन में तीन बार घर की धुलाई करती थी। पति के समझाने के बावजूद भी वह समझने के लिए तैयार नहीं थी। उसके इस क्रिया-कलाप के कारण पूरे घर का माहौल अशांत था। बच्चों की पढ़ाई में विघ्न पड़ता था। समय पर भोजन व्यवस्था नहीं हो पाती थी। घर पर कोई भी मित्र या रिश्तेदार आने से घबराते थे। क्योंकि वह महिला लोगों के जूते-चप्पल के रख रखाव के कारण ही नाराज हो जाती थी। अंततः पति मजबूर होकर उसे मनोचिकित्सक के पास ले गया तब कहीं जाकर उसे इस आदत से छुटकारा मिला। लेकिन इसका परिणाम यह हुआ कि उस महिला ने घर की साफ सफाई करना बिल्कुल ही छोड़ दिया। तब एक समस्या और पैदा हो गई। घर जहां पहले अत्यधिक साफ सुथरा रहता था, अब अत्यधिक गंदा रहने लगा।

इस उदाहरण से तात्पर्य यह है कि हमें जीवन में किसी भी चीज में अतिवाद का शिकार नहीं होना चाहिए। जीवन को ज्यादा से ज्यादा संतुलित रखने की कोशिश करनी चाहिए।

इस सिद्धांत को खाने और सोने में पहले लागू करें

मनुष्य के शारीरिक स्वास्थ्य और मानसिक स्वास्थ्य में भोजन और निद्रा का सबसे प्रमुख योगदान होता है। ये दोनों अवश्यकताएं एक दूसरे पर निर्भर होती हैं। यदि आप चाहे कि सिर्फ अच्छे भोजन के द्वारा स्वथ्य रहा जा सकता है तो आप गलत सोच रहे हैं, बल्कि सत्य तो यह है कि भोजन से ज्यादा जरूरी भरपूर नींद लेना आवश्यक है। लेकिन ये दोनों जरूरतें संतुलित हों तभी ठीक है, वरना इनकी अधिकता या कमी, मनुष्य को सबसे ज्यादा दुखी जीवन जीने को बाध्य कर देती हैं।

मेरे कहने का तात्पर्य यह है कि यदि आपने जरूरत से ज्यादा भोजन लिया तो बहुत सारे रोगों के शिकार हो जाएंगे और यदि आपके सोने का समय आठ घंटे से कम है तो भी आप कई रोगों के शिकार हो जाएंगे।

अब मैं सबसे पहले ज्यादा खाने के बारे में चर्चा करना चाहूँगा। विश्व स्वास्थ्य संगठन (W.H.O) की रिपोर्ट के अनुसार संसार में जितने लोग ज्यादा खाने के कारण मरते हैं, उतने कुपोषण के कारण मौतें नहीं होतीं। मोटापा एक ऐसा रोग है जो कई

रोगों को जन्म देता है। दुनिया में आज डायबिटीज, ब्लड प्रेशर, जोड़ों का दर्द और आलस्य, ये सभी रोग ज्यादा खाने के ही परिणाम हैं।

हमें जानवरों और पक्षियों से सीख लेनी चाहिए। दुनिया का कोई भी जानवर जरूरत से ज्यादा भोजन नहीं करता। उदाहरण के लिए यदि शेर का पेट भरा है तो उसके सामने से कोई भी जानवर आता-जाता रहे, वह उसका शिकार नहीं करता। वह तभी शिकार करेगा, जब उसे भूख लगी होगी। जानवरों की मौत भूख के कारण अवश्य होती है, लेकिन ज्यादा खाने के कारण कभी नहीं होती।

मुझे तो ऐसा लगता है कि मनुष्य ही सबसे अप्राकृतिक जीवन जीता है, बाकि पूरे जगत के प्राणी प्रकृति के अनुसार ही जीवन जीते हैं। मनुष्य के जीवन में सबसे बड़ी समस्या इंद्रिय लोलुपता की है।

हर व्यक्ति जीभ का गुलाम हो गया है। भोजन जरा स्वादिष्ट मिल जाए फिर देखिए, भूख से दोगुना भोजन हर कोई ठूंस लेता है। सिर्फ स्वाद के कारण व्यक्ति यह भी नहीं देखता कि दूसरे के लिए बचेगा या नहीं अथवा मुझे नुकसान भी कर सकता है।

ठीक इसके विपरीत नींद का मामला उल्टा है। जहां लोगों में भोजन की अधिकता हुई है, वहीं नींद गायब होती जा रही है। आज हर कोई मानसिक तनाव का शिकार है। जिसे भी देखिए उसे ही सिरदर्द की समस्या है। लकवे की बीमारी बढ़ती जा रही है। इससे भी ज्यादा समस्या नींद न आने की है। बहुत लोग नींद के लिए गोलियां और शराब का सेवन करते हैं।

पूरी दुनिया में अकेले अमेरिका में सबसे ज्यादा दर्द निवारक की खपत होती है। आजकल भारत में भी दर्द निवारक गोलियों की खपत बढ़ रही है।

आखिर कारण क्या है?

कारण यह है कि हर कोई सुख का आधार भौतिक वस्तुओं को मानने लगा है। सबको यही लगता है कि जिसके पास जितनी ज्यादा वस्तुओं का भंडार है, वह उतना ज्यादा सुखी है, इसलिए प्रत्येक व्यक्ति वस्तुओं के संग्रहण में जुटा है। और इसी संग्रहण के लिए व्यक्ति ज्यादा से ज्यादा धन कमाने के लिए दिन-रात एक किए

दे रहा है। परिणामस्वरूप व्यक्ति को सोने के लिए भरपूर समय नहीं मिल पा रहा। और जो समय मिलता है, वह भी चिन्ता में व्यतीत होता है, जिसके कारण शराब और दवाओं का सेवन करना पड़ता है। ऐसी स्थिति से बचने के लिए क्या करे?

ऐसी स्थिति से बचने के लिए भोजन और नींद में संतुलन बनाएं। भोजन उतना ही करें, जितने से शरीर को भरपूर ऊर्जा मिल जाए, इसलिए अधिक भोजन करने से बचें। अपनी दिनचर्या को व्यवस्थित करें, जिससे आपको आठ घंटे की भरपूर नींद मिल सके। धनोत्पार्जन के लिए ज्यादा से ज्यादा सिर्फ दस घंटे का ही समय दें, जिससे आपकी दिनचर्या व्यवस्थित हो सके।

अतिविश्वास से बचें

कहा जाता है कि विश्वास करना ठीक है, लेकिन अतिविश्वास ठीक नहीं। कहावत बिलकुल सही है। क्योंकि अतिविश्वास में ही हमेशा धोखा मिलता है। खासकर अजनबी व्यक्ति पर तो विश्वास ही नहीं करना चाहिए, क्योंकि जिसको हम जानते नहीं, उस पर विश्वास कैसा? अक्सर लोग अजनबियों से अतिविश्वास के कारण ठगे जाते हैं।

आप चाहे ट्रेन की यात्रा में हों, बस के सफर में हों या कहीं अनजान जगह हों, यदि बिना किसी कसौटी के किसी पर आंख मूंदकर विश्वास करते हैं, तो ज्यादातर ठगे जाने के मौके (Chance) रहते हैं।

मैं यह नहीं कहता कि किसी पर विश्वास नहीं करना चाहिए, विश्वास तो करना ही पड़ेगा, क्योंकि विश्वास के कारण ही दुनिया की कार्यप्रणाली संचालित हो रही है। लेकिन हर चीज की सीमा रेखा अवश्य होती है। हम जैसे ही सीमाओं को पार करते हैं, तुरन्त ही दुख के घेरे में जकड़ लिए जाते हैं।

उदाहरण के लिए, सीताजी ने रावण को साधू समझकर भिक्षा देने के लिए लक्ष्मण रेखा पार की और दुख के घेरे में आ गईं। यह अतिविश्वास के कारण घटना घटी।

हमारे जीवन में भी आए दिन ऐसी घटनाएं होती रहती हैं। हम भी किसी न किसी बिन्दु को लेकर शिकार होते रहते हैं। फिर चाहे सहकर्मी से हो, घर के सदस्य से हो

या फिर पड़ोसी से हो, रिश्तेदार से हो, हर कोई किसी न किसी के द्वारा धोखा अवश्य खाता है। यदि गहराई से विचार किया जाए तो ऐसी समस्या हमारे द्वारा ही पैदा की जाती है। हम स्वयं अपने स्वार्थ के लिए दूसरों पर आँख मूंदकर विश्वास करते हैं। और जब हमारे अनुरूप कार्य की सिद्धी नहीं होती, तब हम दूसरो पर लांछन लगाते हैं। हालांकि कोई हमसे आकर यह तो नहीं कहता कि आप हमारे ऊपर अंधविश्वास कीजिए। यदि हम करते हैं, तो यह हमारी मूर्खता है।

दरसअल, देखा जाए तो हर समस्या का कारण हम स्वयं होते हैं, लेकिन मनुष्य की ऐसी प्रकृति होती है कि वह हमेशा ही दूसरों के ऊपर दोष मढ़ देता है। कोई अपनी गलतियों को स्वीकारना नहीं चाहता। क्योंकि अपनी गल्तियों को स्वीकारने में अहंकार नष्ट होता है और हम अपने अहंकार को नष्ट नहीं होने देना चाहते, इसलिए दूसरों पर दोष मढ़ते रहते हैं।

ज्यादा सोचने से बचें

मनुष्य चिन्तनशील प्राणी है, इसलिए हमेशा चिन्तन करता रहता है। चिन्तन करना मनुष्य का स्वभाव है। जिस प्रकार वायु के द्वारा मनुष्य की श्वसन प्रक्रिया चलती रहती है जिसमें मनुष्य का कोई योगदान नहीं होता। क्योंकि यह अवचेतन से नियंत्रित होने वाली कार्यप्रणाली है, इसलिए जब तक मनुष्य का शरीर प्राणवायु को संचालित करने की क्षमता रखता है, तब तक यह प्रक्रिया अनवरत चलती रहती है। हम सो जाते हैं तब भी शरीर अवचेतन मस्तिष्क के सहयोग से अपना कार्य सुचारू ढंग से करता रहता है, उसी प्रकार मस्तिष्क भी सोचने का कार्य मरते दम तक करता रहता है। इसी सोचने की कार्यप्रणाली को हम मन कहते हैं। मन को तीन भागों मे बांटा गया है।

(1) चेतन मन

(2) अवचेतन

(3) अचेतन मन

मनुष्य मुख्यतः पहले दो मन के बीच पूरा जीवन जीता है। हम पहले चेतन मन की बात करते हैं।

चेतन मन की अवस्था में मनुष्य जागरण की अवस्था में रहता है। हम जो भी कार्य जागते हुए करते हैं, वह चेतन मन के द्वारा किया जाता है। मनुष्य का खाना, बोलना, सुनना, चलना, फिरना अथवा कोई भी कार्य करना, यह सब चेतन मन के द्वारा किया जाता है। जब मनुष्य इंद्रियों के द्वारा कुछ नहीं कर रहा होता, तब अवचेतन मन ज्यादा प्रभावशाली हो जाता है। और व्यक्ति चिन्तित अवस्था में आ जाता है।

आपने देखा होगा कि जब आप कुछ कर रहे होते हैं, तब भी दिमाग में कुछ और चलता रहता है। जैसे कि आप भोजन कर रहे हैं और तब भी कुछ सोचते जा रहे हैं। लेकिन यदि आप पूरी तरह से ध्यानपूर्वक भोजन करते हैं तो आपके दिमाग में दूसरी बात नहीं आएगी, इसी को ध्यान कहा जाता है। मस्तिष्क का एकाग्र होना ही ध्यान है।

अवचेतन मन एक प्रोजेक्टर की तरह होता है। हम जो भी चेतन मन की अवस्था में करते हैं, वह अवचेतन मस्तिष्क में एकत्रित (Store) हो जाता है। और मस्तिष्क को जैसे ही मौका मिलता है वह उस पर सोचना प्रारम्भ कर देता है। जब हमारी ज्ञानेन्द्रियां और कर्मेन्द्रियां निष्क्रिय होती हैं, तब भी अवचेतन मन अपना कार्य करता रहता है। चिन्ता भी अवचेतन मन की प्रक्रिया है या कहें कि सिर्फ सोचना ही चिन्ता है। जब हम सिर्फ सोचते हैं और कुछ कर नहीं रहे होते, तभी हम चिन्तित हो जाते हैं। और चिन्ता ही हमारी सबसे बड़ी समस्या है, इसलिए खाली दिमाग को शैतान कहा गया है। क्योंकि इसके कारण ही हमारे जीवन में भय आता है और भय ही समस्त दुखों का कारण है।

यदि आप चाहते हैं कि जीवन में आनंद हो, तो ज्यादा सोचने से बचें अर्थात खाली बैठने से बचें। अपने आप को किसी न किसी कार्य में व्यस्त रखें। क्योंकि व्यस्त रहने से हमारे अवचेतन मस्तिष्क को पूरी तरह ऊर्जा नहीं मिलती और वह स्थितियों को पूरी तरह याद करने में असमर्थ होता है।

ज्यादा बोलने से बचें

आधुनिक मनोविज्ञान यह मानता है कि दुनिया में नब्बे प्रतिशत झगड़े ज्यादा बोलने के कारण होते हैं। क्योंकि जब हम ज्यादा बातचीत करते हैं, तब अच्छी बातें

बहुत कम, व्यर्थ की बातें ज्यादा करते हैं। व्यर्थ की बातों से तात्पर्य है जो अनुपयोगी है, जिसका कोई औचित्य नहीं होता, जो दूसरों के लिए हृदयविदारक होता है। ज्यादा बोलने वाला व्यक्ति बुराई करने की आदत का शिकार हो जाता है, क्योंकि हम इतने पवित्र तो होते नहीं कि हर बात आनन्ददायी हो। जैसे कबीरदास जी कहते हैं -

ऐसी वाणी बोलिए, मन का आपा खोय।
औरन को शीतल करे, आपौ शीतल होय।।

यह तभी संभव है, जब व्यक्ति कम बातचीत करता हो। बातूनी व्यक्ति के साथ यह स्थिति कभी पैदा नहीं हो पाती। हम चारों तरफ से इतनी नकारात्मक ऊर्जा मस्तिष्क में डालते हैं कि नकारात्मकता के शिकार हो जाते हैं, इसलिए हमारी जीभ बुराई करने के लिए मजबूर हो जाती है, जबकि जरूरी नहीं कि बुराई करने का आदी व्यक्ति हृदय का अच्छा न हो। अक्सर ऐसा देखने मे मिलता है कि ऐसा व्यक्ति हृदय से बहुत पवित्र होता है। उसका किसी के प्रति द्वेष नहीं होता, फिर भी ज्यादा बोलने के कारण उसके सम्बन्ध अच्छे नहीं होते। ऐसे व्यक्तियों को हर बात में प्रतिक्रिया देने की आदत होती है, इसलिए मात्र प्रतिक्रिया देने के कारण लोगों के बीच नकारात्मक छवि बन जाती है।

मेरा एक मित्र है, जो हृदय से बहुत अच्छा व्यक्ति है। सभी के प्रति सकारात्मक सोच रखता है। लेकिन ज्यादा बोलने के कारण लोगों के बीच में नकारात्मक रूप से लोकप्रिय है। कम्पनी के अधिकारियों से भी उसके झगड़े होते रहते हैं। कम्पनी कई बार उसे इस बात के लिए दंडित भी कर चुकी हैं। वह दो बार सस्पेंड भी हो चुका है, फिर भी वह वैसे का वैसा है। मात्र अपनी आदत के कारण लोगों में तथा कम्पनी में नकारात्मकता (Negativity) के लिए मशहूर हो गया है। प्रत्येक व्यक्ति का नजरिया उसके प्रति नकारात्मक हो गया है।

वहीं दूसरी तरफ कुछ लोग ऐसे होते हैं जो लोगों के लिए अच्छी सोच नहीं रखते, समय पर लोगों के काम नहीं आते, फिर भी अपनी बातचीत की शैली के कारण लोकप्रिय बने रहते हैं। ऐसे लोग बहुत ही नपा-तुला बोलते हैं। कहां कितना बोलना है, किस बात पर प्रतिक्रिया देनी है या नहीं, वह बखूबी जानते हैं। उन्हें यह पता होता है कि क्या बोलने से मेरी छवि को नुकसान होगा। ऐसे लोग बुराई करने से

भी बचते रहते हैं। हालांकि ये लोग पूर्णतः स्वार्थी होते हैं, कभी किसी के लिए वो कुछ नहीं करते, सिर्फ लेने में विश्वास रखते हैं, देना तो जानते ही नहीं। लेकिन वाणी संयम के कारण लोगों के बीच लोकप्रिय बने रहते हैं।

यदि आप चाहते हैं कि लोगों से आपके सम्बन्ध मधुर रहें, तो कम बोलने की आदत डालिए। ज्यादा बोलने के कारण सबसे पहले हमारे सम्बन्धों पर असर पड़ता है। हम सुबह से शाम तक विभिन्न माध्यमों से मस्तिष्क में इतनी बुराइयां डाल देते हैं कि मस्तिष्क उन बुराइयों की प्रतिक्रिया करने में ही जुटा रहता है। आज टी.वी., इंटरनेट, मोबाइल के द्वारा समाचार के नाम पर, जागरूकता के नाम पर इतनी नकारात्मकता परोसी जा रही है कि अच्छी सोच वाला व्यक्ति भी दिन भर इन्ही की परिचर्चा, प्रतिक्रिया में व्यस्त रहता है। और इसका सीधा असर हमारी सोच पर पड़ता है। हमारी सोच नकारात्मक होती जाती है।

नकारात्मक सोच के कारण ही हमारे सम्बन्ध नकारात्मक हो जाते हैं। और यदि हमारे संबंध लोगों से अच्छे नहीं हैं, तो हमारे जीवन में आनंद की बारिश नहीं हो सकती।

इसलिए जे. कृष्णमूर्ति कहते हैं कि संबंध ही जीवन है, संबंध ही आनंद है, संबंध ही ईश्वर है।

❐

धर्म और कर्म में समानता

स्वधर्म ही वास्तविक धर्म है

गीता में भगवान श्रीकृष्ण अर्जुन को समझाते हुए कहते हैं कि ''स्वधर्मे निधनं श्रेयः परधर्मों भयावहः'' अर्थात स्वयं के धर्म में मर जाना बेहतर है, लेकिन दूसरे के धर्म में जीना मृत्यु से भी भयानक है। अधिकतर लोग इस श्लोक के भावार्थ में ही भटक जाते है। यहाँ पर कृष्ण स्वधर्म को व्यक्ति के निजी स्वभाव के रूप में कहते हैं, न कि किसी हिन्दु, मुस्लिम, ईसाई, बौद्ध जैन, सिख धर्म के लिए प्रयोग करते हैं। क्योंकि जब महाभारत का युग था और गीता के वचन कहे गए थे, तब इन धर्मों का कोई अस्तित्व ही नहीं था। इसलिए एक बात बिल्कुल निश्चित हो जाती है कि आज जो धर्म अस्तित्व में हैं, कृष्ण ने इनके लिए स्वधर्म शब्द का प्रयोग नहीं किया था।

यहाँ श्रीकृष्ण जी ने अर्जुन को समझाते हुए यह कहते हैं कि व्यक्ति को स्वयं के व्यक्तित्व व अनुभव के आधार पर ही जीवन जीने की कला विकसित करनी चाहिए। प्रकृति ने जिस व्यक्ति को जैसा बनाया है अर्थात जैसा उसका स्वभाव है, यदि वह उसके अनुसार जीवन जीता है तो परम आनन्द को प्राप्त होता है। यह समझाने का मौलिक कारण यह है कि प्रकृति कभी किसी को दूसरे जैसा बनाती ही नहीं। प्रत्येक व्यक्ति की रचना बिल्कुल अलग होती है। इसलिए आज तक धरती पर जितने मनुष्य पैदा हुए और जितने अभी वर्तमान में हैं और आगे जितने भविष्य में पैदा होंगे, वो सभी अपने आप में अनूठे होंगे। क्योंकि कोई मनुष्य दूसरे के जैसा नहीं हो सकता। यह अलग बात है कि शारीरिक संरचना का मेल-जोल हो सकता है अर्थात चेहरे मिलते-जुलते हो सकते हैं, लेकिन स्वभाव कभी एक जैसा नहीं हो सकता।

अब तो वैज्ञानिक भी यह सिद्ध कर चुके हैं कि प्रकृतिक रूप से दो कंकड भी एक जैसे नहीं होते। किसी पेड़ की दो पत्तियों की बनावट भी एक जैसी नहीं होती। उनमें चाहे भले ही एक कोशिका का अंतर हो, लेकिन अंतर अवश्य होता है। तब निष्कर्ष यह निकलता है कि जब प्रकृति में इतनी भिन्नता होती है, तो दो मनुष्य भला कैसे एक जैसे हो सकते हैं? इसलिए श्रीकृष्ण ने स्वधर्म शब्द का प्रयोग किया है।

स्वधर्म का मूलअर्थ स्वभाव है। प्रत्येक व्यक्ति प्राकृतिक रूप से स्वतंत्र होता है और उसका स्वभाव भी व्यक्तिगत होता है। इसलिए जीवन के प्रति प्रत्येक व्यक्ति का नजरिया बिल्कुल भिन्न होता है, होगा ही। क्योंकि हम सब स्वयं में भिन्न हैं। जब कोई व्यक्ति बिल्कुल स्वयं के स्वभाव के अनुसार जीवन जीने लगता है तभी उसे सुख और शांति की प्राप्ति होती है। अभी हम दुख और अशांति में घिरे रहते हैं, क्योंकि हमारे जीवन में भय और अहंकार के सिवाय कुछ है ही नहीं, इसलिए हम चिंता करने की मशीन बन गए हैं। जीवन इतना तनावग्रस्त हो गया है कि जीने की इच्छा ही नहीं करती, तभी तो कुछ लोग आत्महत्या ही कर लेते हैं। आत्महत्या करने का मूल कारण ही यह होता है कि अब सुख और शांति की कोई आशा नहीं रही।

ये सभी मानसिक विकृतियां अस्वाभाविक जीवन जीने के कारण पैदा होती हैं। हम सभी लोग हमेशा दूसरों के जीवन को देखकर जीने की कोशिश में जुटे रहते हैं। हम अपनी पूरी ऊर्जा दूसरे के जैसा बनाने में ही लगा देते हैं। दूसरे क्या कर रहे हैं, क्या करने वाले हैं? हमारी उत्सुकता इसमें ज्यादा रहती है बजाय स्वयं के बारे में जानने की। इसलिए अक्सर लोग ऐसे व्यक्ति को अपना आदर्श मानते हैं तथा उसके बारे में जानकारी जुटाते हैं, जो सफल होता है। क्योंकि लोग उसके जैसे बनने की कोशिश करते हैं। हालांकि यह कोशिश पूरी तरह से झूठ पर आधारित होती है। समूचे संसार का फैशन जगत इसी तथ्य के ऊपर आधारित है। फैशन जगत का आधार है, दूसरे के जैसा होना। इसीलिए लोग सफल खिलाड़ी, कुशल अभिनेता और बड़े नेता की नकल करते हैं। नकल करके उनके जैसा होने का मन पालते हैं। जबकि यथार्थ यह है कि हम कितनी भी किसी की नकल क्यों न करें, उस जैसे नहीं हो सकते।

सफलता का राज ही यही है कि आप अपने स्वभाव को पहचानें और उसके अनुसार कार्य करें, अन्यथा आप भटक जाएगें।

ओशो जी ने गीता दर्शन के प्रवचन में स्वधर्म को बड़े ही अच्छे ढ़ंग से समझते हुए कहते हैं कि कृष्ण जी ने स्वधर्म का उपयोग स्वकर्म के लिए भी किया है। स्वधर्म का अर्थ है, अपने स्वभाव के अनुसार कर्म करना। और ऐसी जीवनशैली विकसित करना, जो पूर्णतः निजता पर आधारित हो। जीवन में सफलता, सुख और शांति की खोज स्वभाव के द्वारा ही पूर्ण हो सकती है। क्योंकि और कोई दूसरा मार्ग है ही नहीं।

अब आपके मन में सवाल पैदा हो रहा होगा कि कोई अपने स्वधर्म और स्वकर्म को कैसे पहचाने? तो इसका सीधा जबाब है कि स्वयं पर ध्यान केन्द्रित करना शुरू करें। बिना आत्मनिरीक्षण के यह जानना नहीं हो सकता कि आपका स्वभाव क्या है? और इस तथ्य के बारे में आपके सिवाय और कोई दूसरा जान भी नहीं सकता। क्योंकि दूसरा जो भी जानेगा, वह आपके व्यवहार के अनुसार जानेगा और वास्तविकता छुपी रह जाएगी। इसलिए स्वधर्म को जानने के लिए किसी मनोवैज्ञानिक एवं मनोचिकित्सक के पास जाने की आवश्यकता नहीं है और न ही किसी से साक्षात्कार की जरूरत पड़ती है। क्योंकि इस खोज के लिए तो ईश्वर व्यक्ति के भीतर स्वयं विराजमान है। जब कोई व्यक्ति भीतर से पूछता है, तब जबाब स्वयं ही मिल जाता है। वह जान जाता है कि उसे क्या करना चाहिए और क्या नहीं। क्योंकि प्रकृति ने प्रत्येक व्यक्ति को ऐसी चेतना दी है, कि वह अपने स्वधर्म की खोज बड़ी आसानी से कर सकता है।

जब श्रीकृष्ण जी कहते हैं कि दूसरे के धर्म में जीने के बजाय स्वधर्म में मर जाना श्रेष्ठ है, तब इसका अर्थ यह हुआ कि स्वयं की जीवनशैली स्वयं की खोज, दूसरों की खोज से बेहतर है। फिर चाहे देखने में दूसरों की जीवनशैली व दूसरों की खोज बेहतर क्यों न लगे! सच्चाई तो यह है कि प्रत्येक व्यक्ति एक दूसरे के जीवन को देखकर जीने की कोशिश कर रहा है, इसी कारण दुखी है।

यदि किसी को वास्तव में धर्म को जानना है तो स्वयं के अनुभव से गुजरना ही होगा। क्योंकि धर्म का अनुभव दूसरों के बताए हुए अनुभव से नहीं जाना जा सकता। इसीलिए शास्त्रों को कंठस्थ करने से अनुभूति की प्राप्ति नहीं होती। और न ही प्रचलित पूजा पाठ करने से उसे जाना जा सकता है, जो शाश्वत है। शाश्वत को जानने के लिए स्वयं को समर्पण करना पड़ता है। ईश्वर को शब्द में समझना मनुष्य

की सबसे बड़ी भूल है। जैसे यदि आपको भूख लगी है तो भोजन स्वयं को करना पड़ता है अथवा प्यास लगी है तो पानी स्वयं को ही पीना पड़ता है, क्योंकि दूसरों के खा लेने से, दूसरों के पानी पी लेने से आपकी भूख-प्यास नहीं बुझती। अथवा भोजन और पानी के शब्द को रटने से आपकी भूख और प्यास शांत नहीं होती। इसी प्रकार खाली शास्त्रों के शब्दों को रटने से तथा दूसरों के अनुभव को सुनने से धार्मिक नहीं हुआ जा सकता। धार्मिक होने के लिए स्वयं के अनुभव से गुजरना ही होगा, जिसे कृष्ण ने स्वधर्म कहा है।

पलायनवाद धर्म नहीं है

गीता में श्रीकृष्ण जी ने मनुष्य के तीन रूप बतलाए हैं। जिसमें पहला सात्विक कर्ता, दूसरा राजस कर्ता और तीसरा तामस कर्ता। यह जो तीसरे प्रकार का कर्ता है, वह पलायनवादी होता है। पलायनवादी से तात्पर्य यह है कि जो जीवन के नियम को अस्वीकार करता है। जिसके जीवन में आकमर्णयता के सिवाय कुछ नहीं होता। इस प्रकार का व्यक्ति पूरे जीवन अच्छी-अच्छी बातों को सोचते हुए व्यतीत कर देता है। वह यह भी नहीं देख पाता कि मेरे जीवन में जो दुख हैं, वह मेरे कारण ही पैदा किया हुआ है। ऐसा व्यक्ति सदा दूसरों को दोषी मानता है।

यहाँ मैं आपको स्पष्ट कर दूं कि मैंने जिस जीवन नियम के बारे में कहा है वह यह है कि जीवन दो विपरीत ध्रुवों के बीच समन्वय से निर्मित होता है। जीवन में प्रकाश है तो अंधकार है, रात है तो दिन है, पाप है तो पुण्य है, प्रेम है तो घृणा है, सुख है तो दुख है, विश्राम है तो संघर्ष भी है। जीवन का कोई भी पन्ना अकेले पृष्ठ का नहीं होता। सदा ही एक पन्ने के दो पृष्ठ मौजूद होते हैं। संसार में विपरीतता का होना ही जीवन का नियम है।

तो जो तीसरे प्रकार का व्यक्ति होता है वह एक पृष्ठ को स्वीकार करता है और दूसरे पृष्ठ को इंकार करता है। सुख को स्वीकार करेगा, विश्राम में आनंदित होगा, लेकिन दुख को अस्वीकार करेगा और संघर्ष से पलायन करेगा। इस प्रकार के व्यक्ति के जीवन में जब भी संघर्ष की बारी आएगी, वह भाग खड़ा होगा। क्योंकि संघर्ष में श्रम करना पड़ता है, इसलिए तामसी व्यक्ति श्रम को अस्वीकार करता है। ऐसे व्यक्ति

के जीवन में आनंद की वर्षा नहीं हो सकती। ये अलग बात है कि वह दुखी जीवन को भी सुखी मानकर जीवन काट देगा। इसलिए जो जीवन जीने में संघर्ष नहीं करेगा तो उसकी पूरी चेष्टा जीवन का किसी तरह काटने में होगी। ऐसा तामसी धारणा वाला व्यक्ति ही पलायनवादी होता है। पलायनवाद कोई बाहरी वस्तु नहीं है, वह स्वयं को स्वयं से दूर करने की वृति है।

इस प्रकार की धारणा वाले व्यक्ति देखने में बहुत धार्मिक प्रतीत होंगे। इनके रहन-सहन, और वाणी संवाद से ऐसा प्रतीत होगा कि इनसे बड़ा आस्तिक दुनिया में और कोई नहीं है, लेकिन इन्हें पास से समझने में समझ आएगा कि इनकी पूरी जिन्दगी अकर्मण्यता की नीव पर खड़ी है। आपको देखने में ऐसे लाखों तथाकथित धार्मिक व्यक्ति मिल जाएंगे, जो मात्र रहन-सहन से धार्मिक प्रतीत होते हैं, लेकिन उनके मन में गृहस्थ से भी ज्यादा कामनाएं और आकाक्षांए भरी होती हैं। ये सिर्फ पेट पालने के लिए धार्मिक चोला ओढ़कर सात्विक दिखने की कोशिश करते हैं। इन तथाकथित धार्मिकों से ज्यादा अकर्मण्य मनुष्य संसार में खोजने से नहीं मिलेंगे। हमारे देश मे पलायनवाद के जनक यही लोग हैं। इन्हीं की वजह से भारतीय जनता में पलायनवाद का फैलाव हुआ।

पलायनवादिता कोई आरोपित प्रवृति नहीं है। यह किसी और के द्वारा थोपी गई धारणा नहीं होती। यह तो स्वंय की चेतना की स्थिति होती है। दरअसल, भारतीय जनमानस में भाग्यवादिता का बहुत प्रभाव रहा है। और इसी भाग्यवाद के कारण पलायनवाद का उदय हुआ। हमें अपनी अकर्मणयता को भाग्य का नाम देकर अपने कर्मों से विमुख होना ज्यादा प्रीतिकर लगा, क्योंकि श्रम करने की कोई जरूरत ही नहीं रही। हमने सब कुछ ईश्वर पर छोड़ दिया, लेकिन तब भी सुख की अभिलाषा बराबर बनी रही। यह जो हमारा दोहरा चरित्र है, यही दुख का मूल कारण है। हम पाना तो बहुत कुछ चाहते हैं, लेकिन कुछ करना नहीं चाहते।

दरअसल, हमारे जीवन की पूरी भावदशा कल्पवृक्ष वाली है। इसलिए तामस बुद्धि वाला व्यक्ति हमेशा गलत तरीकों (short cut) की तलाश में रहता है। जो भी गलत तरीकों (short cut) से सफलता हासिल करना चाहता है, वही तामसी व्यक्ति कहलाता है। दुनिया में जितने अपराध होते हैं वह सब तामस प्रवृत्तियों वाले व्यक्तियों

के कारण होते हैं। अपराधी बनता ही वही व्यक्ति है जो कुछ न करते हुए बहुत कुछ पाना चाहता है। इस प्रवृति के कारण ही दुनिया में धर्म सबसे ज्यादा विकृत हुआ है। प्रत्येक व्यक्ति अपनी पात्रता से ज्यादा पाना चाहता है। हमने जिसके लिए श्रम नहीं किया, उसकी चाहत पालना सबसे बड़ा अधर्म है।

आखिर मनुष्य पलायनवादी क्यों होता है?

दरअसल, आज मनुष्य का जीवन बर्हिमुखी जीवन है, कभी यह अन्तर्मुखी हुआ करता था। जब जीवन अन्तर्मुखी था, तब मनुष्य भावप्रधान हुआ करता था, क्योंकि अन्तर्मुखता मनुष्य को आत्मा से जोड़ती है। और आत्मा से जुड़ना अर्थात अत्यन्त करुणावान होना है। तो जो मनुष्य करुणावान होगा, वह किसी के अहित की बात सोच ही नहीं सकेगा। उसके मन में किसी के प्रति शोषण का विचार ही नहीं पैदा होगा, क्योंकि वह मस्तिष्क प्रधान नहीं है। उसका मस्तिष्क उसके हृदय के नियन्त्रण में है। इसलिए उसका जीवन सात्विक कृत्यों से ओत-प्रोत होगा।

लेकिन आज हमारी दशा बिल्कुल उल्टी है। आज हम सब बर्हिमुखी जीवन जी रहे हैं। बर्हिमुखता से तात्पर्य है कि जो जीवन इन्द्रियों के माध्यम से संचालित हो रहा हो। चूंकि इन्द्रियों को नियन्त्रित करने वाला हमारा मन है, इसलिए हम सब मस्तिष्क प्रधान मनुष्य हैं। आज हमारा जीवन बाहर से प्राप्त हुई संवेदनाओं के द्वारा संचालित हो रहा है। हम जो देखते हैं, जो सुनते हैं, जो महसूस करते हैं, वही प्राप्त करने में जुट जाते हैं, फिर चाहे उसके लिए हमारे पास पात्रता हो, या नहीं। इसी चाहत के कारण दुनिया में भ्रष्टाचार, चोरी, घूंसखोरी, चापलूसी आदि बहुत प्रकार के अपराध पैदा हो रहे हैं।

यदि मनुष्य बर्हिमुखी है तो उसके भीतर लालसा अवश्य पैदा होगी, क्योंकि जो वह देख रहा है या जिसके बारे में सुन रहा है, उसे पाने की कोशिश अवश्य करेगा। और यह इस बात पर भी निर्भर करता है कि वह कितना अंहकारी है। लोभ, अधिकतर अहंकार के कारण पैदा होता है। क्योंकि मन का सबसे बड़ा मित्र अंहकार है, इसलिए अहंकारी यह परवाह नहीं करेंगा कि क्या ठीक है, क्या गलत है? वह तो अपनी कामना को पूर्ण करने के लिए कुछ भी करेगा। दुनिया में सबसे बड़े अपराध

अहंकारी लोग ही करते हैं, जो दुनिया की नजरों में सबसे चरित्रवान दिखते हैं। पूरी दुनिया में सबसे बड़े अपराधी राजनेता और तथाकथित धर्मगुरु होते हैं। इनके कारण दुनिया में आज तक जितनी मौतें हुईं, उतनी किसी कथित अपराधी के कारण नहीं हुईं। हिटलर, नेपालियन, माओ, चंगेज खाँ, मुसोलिनी, गद्दाफी, सद्दाम हुसैन ये दुनिया के सबसे बड़े अपराधी हैं, लेकिन ये राजनेता हैं, इसलिए इतिहास इन्हें अपराधी नहीं मानता। देखा जाए तो सबसे बड़े पलायनवादी यही लोग हैं। इन्होंने अपने कर्तव्य से पलायन करके अपने अहंकार की पूर्ति के लिए लाखों लोगों की हत्याएं करवाईं। कोई चोर, डाकू, बलात्कारी इतनी हत्याएं नहीं कर सकता।

मेरी दृष्टि में हर वो व्यक्ति पलायनवादी है, जो अपने कर्तव्यों से विमुख होता है। तामसी व्यक्ति अपने आलस्य के कारण और राजसी प्रवृति का व्यक्ति अपने अंहकार के कारण कर्तव्य से विमुख होता है। तामसी व्याक्ति भाग्य के सहारे जीवन को ढोता है और राजसी व्यक्ति अहंकार के कारण अपात्र होते हुए भी अपनी कामनाओं की पूर्ति के लिए अपराधी बन जाता है। इसलिए मात्र सात्विक कर्ता को ही धार्मिक माना जाता है। जो अपने नियत कर्तव्यों का पालन करता है, वही सात्विक कर्ता है। हम सब सात्विक कर्ता बनकर सात्विक कर्म कर सकते हैं, लेकिन इसके लिए सबसे पहले आलस्य और अहंकार छोड़ना होगा। क्योंकि मनुष्य की सबसे बड़ी बीमारी यही दो चीजे हैं। ईश्वर ने अपनी तरफ से सबको सात्विक होने की शक्ति प्रदान कर रखी है। यह अलग बात है कि हम उस आत्मशक्ति का उपयोग करना नहीं चाहते। और जो व्यक्ति उस आत्मशक्ति का उपयोग करना सीख जाता है, वही धर्म को उपलब्ध हो जाता है।

सुनना, पढ़ना, देखना, धर्म नहीं वरन् करना धर्म है

कहा जाता है कि समय की मार से कोई नहीं बच पाता। समय के साथ-साथ सब कुछ बदल जाता है, क्योंकि हर चीज के मायने बदल जाते हैं। ऐसा ही आजकल धर्म के साथ हो रहा है। एक समय था, जब धर्म को जीवन में धारण करने के लिए मनुष्य की प्यास हुआ करती थी। प्रत्येक मनुष्य धर्म के द्वारा मोक्ष पाने को लालायित रहता था। लेकिन समय बदलने के साथ-साथ अब धर्म के सारे मायने ही बदल गए

हैं। आज हम लोग धर्म को धन प्राप्ति का साधन बना बैठे हैं। प्रत्येक मनुष्य धर्म का उपयोग उपभोग के रूप में कर रहा है। इसमें सभी बराबर के हिस्सेदार हैं। फिर चाहे धर्मगुरु हों या पूरी मनुष्य जाति हो। सब अपने-अपने स्वार्थ के लिए धर्म का दोहन करने में जुटे हुए हैं।

प्रत्येक व्यक्ति आज ऐसे धर्मगुरु की तलाश में जुटा है, जो कल्पवृक्ष की व्यवस्था कर दे। जिसके नीचे बैठकर जो विचार करो, वह विचार करते ही पूरा हो जाए। इसीलिए तो धर्म का इतना सत्यानाश किया हुआ है। प्रत्येक व्यक्ति झूंठ को सच साबित करने में संलग्न है। ये जो इतने लोग आज धर्मगुरुओं के आश्रम की ओर जा रहे हैं, क्या इतने लोगों के मन में सत्य की तलाश है? हरगिज नहीं। ये सब अपनी अधूरी आंकाक्षाओं को पूरा करने के लिए धार्मिक चोला मात्र धारण कर रहे हैं। इसलिए आज धर्म की बातें करना, तथाकथित गुरुओं के प्रवचन सुनना, इनकी पत्रिकाएं पढ़ना तथा आश्रम की ओर दौड़ लगाने को लोग धर्म समझने लगे हैं। आज जो जितना ज्यादा ढ़ोंग रचा सके, वह उतना ही बड़ा धार्मिक माना जा रहा है। इससे ज्यादा धर्म की अवनति और भला क्या हो सकती है? जो सत्य जीवन के कर्म में धारण करने के लिए हो, वह मात्र दिखावे की वस्तु हो जाए, इससे बड़ा अधर्म और क्या होगा?

जब देखना, सुनना, पढ़ना ही धर्म मान लिया गया तब धारण करने की कौन चिन्ता करता है? जबकि धारण करना ही एक मात्र धर्म है। यदि हम अपनी दैनिक दिनचर्या में धर्म की चादर नहीं ओढ़ पाए, तो अज्ञानी से भी बदतर हैं। इसलिए ईशावास्य उपनिषद् में कहा गया है कि अज्ञानी तो अंधकार में गिरते ही हैं, ज्ञानी और बड़े महाअंधकार में गिरते हैं। ऐसा इसलिए कहा गया कि तथाकथित ज्ञानी इतने बड़े अहंकार में डूब जाता है कि धर्म चर्चा को ही वह धर्म समझने लगता है और यहीं से उसकी भूल शुरू हो जाती है। ऐसे तथाकथित ज्ञानी दूसरों को यही उपदेश देते हैं कि धर्म की चर्चा करो, धर्म चर्चा सुनो, तो तुम धर्म को उपलब्ध हो जाओगे। इसीलिए मेरा मानना है कि आज जो भी तथाकथित ज्ञानी, महात्मा, संत वेदांती हैं, इन्हीं के कारण धर्म की अवनति हुई है।

एक बार एक पत्रकार ने द्वारिकापीठ के शंकराचार्य श्री स्वरुपानंद सरस्वती जी

से ने यह सवाल पूछ लिया था कि क्या नरेन्द्र मोदी प्रधानमंत्री बन पाएंगे? बस इतना पूछते ही शंकराचार्य जी ने पत्रकार को एक थप्पड़ जड़ दिया। क्या यह एक धार्मिक व्यक्ति का लक्षण हो सकता है? माना कि आप राजनीतिक गुरु न होकर धार्मिक गुरु हैं, लेकिन इतना पूछने से कोई धर्म में दाग तो नहीं लग जाता? और फिर वह तो एक सामान्य मनुष्य है। आप तो शंकराचार्य के पद पर विराजमान हैं, क्या आपको ऐसा करना शोभा देता है? अज्ञानी गलती करें माफ किया जा सकता है, लेकिन ज्ञानी गलती करें, तो बात ज्यादा अशोभनीय हो जाती है। इसलिए ईशावास्य उपनिषद में कहा गया है कि अज्ञानी तो अंधकार में गिरते ही हैं लेकिन ज्ञानी महाअंधकार में गिरते हैं। यह बात पूरी तरह से इस घटना में चरितार्थ होती है।

ऐसी घटनाएं तथाकथित ज्ञानियों के जीवन में घटती हैं। कोई बुद्ध, महावीर, जीसस, कबीर, नानक के जीवन में नहीं घटती। क्योंकि इनके जीवन में अंहकार की छाया तक की झलक नहीं होती। वहीं आजकल के ज्ञानियों में अंहकार भरा पड़ा है, जो तमाम तरह के रोगों को जन्म देता है।

इन्हीं शंकराचार्य के द्वारा एक बार शिरडी के साई बाबा धाम के ऊपर आपत्तिजनक बयान दिए गए थे। इन्होंने यहाँ तक कहा कि जो लोग राम को पूजते हैं उन्हें शिरडी के साई बाबा की पूजा नहीं करनी चाहिए। अब इस बात की बयानबाजी क्या किसी धर्मगुरु को करना चाहिए? क्या लोगों की श्रद्धा और विश्वास से खिलवाड़ करना चाहिए? क्या धर्मगुरुओं को आस्था का अनादर करना चाहिए? ये सब प्रत्येक व्यक्ति के हृदय के सवाल हैं। ऐसी बयानवाजी के पीछे क्या राजनीति है, यह तो वही जान सकते हैं। लेकिन मैं तो यह मानता हूँ कि यह मात्र अज्ञानता का परिणाम है।

इतना ही नहीं इन्हीं के द्वारा एक विवादास्पद बयान और दिया गया कि श्री नरेन्द्र मोदी को प्रधानमंत्री बनने के बाद शिरडी नहीं जाना चाहिए। उनका तर्क था कि जब चुनाव से पहले वहाँ नहीं गए, तो प्रधानमंत्री बनने के बाद क्यों जा रहे हैं? उनका कहना था कि चुनाव से पहले देश के तमाम हिन्दु मंदिरों में पूजा अर्चना और आशीर्वाद लेने गए, तो जीतने के बाद वहाँ क्यों नहीं जा रहे हैं? वो शिरडी ही क्यों जा रहे हैं? अब इस तरह के बेतुके बयान को परिपक्व राजनीतिज्ञ ही दे सकता है। यह कोई धार्मिक व्यक्ति का बयान नहीं हो सकता। इसके पीछे व्यक्तिगत स्वार्थ

की राजनीति हो सकती है। कोई भी समझदार व्यक्ति ऐसे लोगों को न तो ज्ञानी मान सकता है और न ही धार्मिक। इसी कारण इन बयानों को देश की जनता ने कोई तवज्जो नहीं दिया। क्योंकि जनता जानती है कि यह एक राजनीतिक दांव-पेंच है।

अब आप विचार करें तो पाएगें कि इस तरह की बयानबाजी से मात्र सांप्रदायिक हिंसा होती है। देश में अराजकता का माहौल बनता है और कई बेकसूर सीधे-सादे लोगों को अपनी जान से हाथ धोना पड़ता है। इस प्रकार की धार्मिक चेतना के द्वारा धर्म का रक्षण नहीं होता, अपितु भक्षण अवश्य होता है। इस समय पूरी दुनिया में जो युद्ध का माहौल है वह कोई राजनैतिक कारणों के कारण नहीं है, बल्कि सौ प्रतिशत धार्मिक कारणों के कारण है। फिर वह चाहे भारत और पाकिस्तान के बीच हो, इजराइल और फिलीस्तीन के बीच हो, अथवा रूस और यूक्रेन के बीच हो। ये सभी युद्ध अनुयायियों के द्वारा निर्मित धर्म के कारण हो रहे हैं। कोई राम, कृष्ण, जीसस और मोहम्मद के कारण नहीं हो रहे। इन्होंने कभी ऐसे धार्मिक युद्धों की इजाजत नहीं दी। इनमें से किसी ने यह नहीं कहा कि उनकी पूजा करो। इन सब ने तो मनुष्य को मानवता और प्रेम का पाठ पढ़ाया है। क्योंकि धर्म का सार ही प्रेम है। जिस धर्म के द्वारा प्रेम के बजाय नफरत फैलती हो, वह धर्म तो नहीं हो सकता। बल्कि धर्म के नाम पर राजनीति अवश्य हो सकती है। आज पूरी दुनिया में धर्म का उपयोग राजनीति के लिए सबसे ज्यादा किया जा रहा है।

इसलिए मेरा मानना है कि हम कितना ही सत्संग क्यों न करें, कितनी ही धार्मिक किताबें क्यों न पढ़े, कितनी ही धार्मिक परिचर्चा क्यों न करें, लेकिन यदि हमारे दैनिक कर्मों में प्रेम, करूणा और मानवता नहीं है, तो हम धार्मिक कतई नहीं हैं। हाँ! यह अलग बात है कि धार्मिक दिखने के लिए हम कितना भी आवरण ओढ़ सकते हैं, लेकिन ईश्वर को सरसों के दाने के बराबर भी महसूस नहीं कर सकते। क्योंकि प्रेम के द्वारा ही ईश्वर को महसूस किया जा सकता है।

जब कर्म ही धर्म बन जाए

मनुष्य आदिकाल से उस परम सत्ता की खोज में जुटा रहा है, जिसके द्वारा संसार की सृष्टि हुई। उस परम सृष्टा की अनुभूति के लिए ही दुनिया में धर्म की उत्पत्ति की

गई। एक ऐसे जीवन की कल्पना की गई, जिसमें सिर्फ आनंद ही आनंद हो। इसलिए धर्म के द्वारा उन सूत्रों की व्याख्या की गई, जिससे परम आनंद की अनुभूति हो सके। क्योंकि मनुष्य की अंतिम से अंतिम इच्छा उस परम पिता को अनुभव करने की ही होती है। जीवन का चक्र ऐसा है कि हम जहाँ से आते हैं वहीं जाने की कोशिश करते हैं। मनुष्य बिल्कुल खाली हाथ पैदा होता है और खाली हाथ मरता ही है। हम सब ईश्वर के अंश हैं, इसलिए जीवन भर ईश्वर की तलाश करते रहते हैं। यह अलग बात है कि कोई प्राणवान जीवन में खोजता है और कोई निष्प्राण पदार्थ में खोजता है। लेकिन खोज उस परमसृष्टा की ही है। फिर चाहे प्राणी में हो या पदार्थ में, आखिर सब कुछ तो उसी का स्वरूप है। क्योंकि मनुष्य में ऐसी सामर्थ्य नहीं है कि वह संसार में कुछ नया निर्मित कर सके। हाँ! यह बात अलग है कि मनुष्य पदार्थों का स्वरूप बदलने में सक्षम हो सका है।

चूँकि मनुष्य का स्वभाव ही आनंद है, तो एक बात तो निश्चित है कि हम सब की माँग 'आनंद' ही है। और इसी आनंद की पूर्ति के लिए ही हम पूरे जीवन में अनेकानेक कर्म करते हैं। कर्म मानव जीवन का स्वभाव है, इसलिए कर्म बिना जीवन संभव ही नहीं। कुछ लोग कुछ न करने को अकर्म समझते हैं, लेकिन "कुछ न करना" भी एक तरह का कर्म है। और प्रत्येक कर्म के अपने सुख हैं, तो दुख भी हैं। यदि हम ऐसा कहें कि मनुष्य और कर्म दोनों एक ही सिक्के दो पहलू हैं, तो अतिशयोक्ति नहीं होगी।

अब प्रश्न यह उठता है कि हम ऐसा कौन सा कर्म करें, जिससे जीवन मे आनंद की वर्षा हो जाए? यही सबसे महत्वपूर्ण खोज है।

आज तक जितनी भी खोजें हुई हैं, उन सबका उद्देश्य मनुष्य को आनंदित करने के लिए ही रहा है, लेकिन मनुष्य आनंदित नहीं हो सका। इसका तात्पर्य यह हुआ कि हमारी सभी खोजें ही गलत हैं। दरअसल, मनुष्य निष्प्राण पदार्थ में आनंद की खोज करने में जुटा रहा है। हम सब पदार्थों से इतने घिर गए कि प्राणवान रचना से दूर होते गए। और इस दूरी में हमने प्रकृति को बहुत नुकसान भी पहुंचाया। मनुष्य एक प्राकृतिक प्राणवान प्राणी है, इसलिए निर्जीव पदार्थों से आनंद को उपलब्ध नहीं हो सकता। हम जितने प्रकृति से दूर होते चले जाएंगे, आनंद से भी उतनी दूरी बनती जाएगी।

तो पहली बात यह है कि हम ज्यादा से ज्यादा प्रकृति से जुड़ें और उसका संरक्षण करें। हमें प्रकृति के लिए प्रेम वर्षा करनी ही होगी, क्योंकि यह अटल सत्य है कि हम जो देते हैं, हमें वही वापस मिलता है।

दूसरी बात, हमें अपने नित्य कर्मों को धर्म बनाना होगा। धर्म मात्र शास्त्रों का अध्ययन करने अथवा दिखावटी पूजा-पाठ करने की चीज नहीं है। धर्म का पूरा सार ही यह है कि हम दैनिक क्रिया-कलापों में पवित्रता ला सकें। पवित्रता के द्वारा ही हमें अपने कर्मों के परिणाम में आनंद की उपलब्धि होगी। जब हमारे प्रत्येक कर्म में पवित्रता आ जाती है तब धर्म की घटना घटती है। धर्म कोई वस्तु नहीं है, जिसे कहीं खोजने जाना है। यह तो स्वयं की अनुभूति मात्र है। और अनुभूति कर्मों के अनुभव के द्वारा ही जानी जा सकती है, क्योंकि और कोई दूसरा उपाय ही नहीं है। जैसे हम सभी गुलाब के फूल से परिचित हैं और गुलाब के फूल के बारे में बहुत सारी जानकारी एकत्रित कर सकते हैं। गुलाब की खुशबू के बारे में पढ़कर शाब्दिक जानकारी इक्कठी कर सकते हैं, लेकिन गुलाब की खुश्बू को अनुभव नहीं कर सकते। क्योंकि हमें गुलाब की खुश्बू की अनुभूति तभी होगी जब हम गुलाब के फूल को सूघेंगे। इसके अलावा दूसरा कोई उपाय नहीं है।

तो धर्म मात्र स्वयं की अनुभूति है। इसे दूसरे किसी व्यक्ति के अनुभव के द्वारा नहीं जाना जा सकता। क्योंकि अनुभव कर्म के बिना असंभव है। यदि हम धर्म को अनुभव करने के लिए ध्यान, पूजा-अर्चना, सेवा आदि करते हैं, तो यह भी कर्म ही है। मुख्य सवाल यह है कि हमारे प्रत्येक कर्म में क्या पवित्रता है? क्या हमारे नित्य कर्मों में दूसरों के लिए आनंद बांटने की क्षमता है? क्या हम दूसरों के लिए वही आनंद और प्रेम चाहते हैं, जो स्वयं के लिए चाहते हैं? इन सभी सवालों के जबाव के बिना धर्म को कुछ भी अनुभव नहीं किया जा सकता। और अनुभव न करने का कारण है, हम स्वयं को कभी देखने की कोशिश ही नहीं करते। और जब कोई हमें हमारा वास्तविक स्वरूप दिखाने की कोशिश करता है, तो हम उस पर क्रोधित होते हैं, उसे गाली देते हैं। क्योंकि हम स्वयं के सत्य को स्वीकार नहीं करना चाहते, इसीलिए तो दुनिया में इतना भ्रम का जाल है। प्रत्येक व्यक्ति जो है, वह दूसरे को नहीं दिखलाना चाहता। हम दूसरों को वही दिखलाना चाहते हैं, जो दूसरे पंसद करते हैं। इस तरह की

दिखावटी अस्तिकता और पवित्रता से धर्म का भ्रम मात्र हो सकता हैं, धार्मिकता नहीं हो सकती।

देखिए, सबसे अहम बात यह है कि हम चाहते क्या हैं? क्योंकि सब कुछ हमारी चाहत पर ही निर्भर है। फेडरिक नीत्से ने कहा है कि दुनिया में लोग 'सत्य' चाहते ही नहीं। यह बात बिल्कुल सौ प्रतिशत सत्य है। हम सब सत्य चाहते नहीं, मात्र सत्य चाहने का ढ़ोंग रचाते हैं। हम दूसरों को यह दिखाने की कोशिश करते हैं कि हम बड़े धार्मिक हैं। हम चाहते तो धन हैं, लेकिन दिखावा ऐसा करेंगे कि हमारा प्रत्येक कृत्य धर्म के लिए ही है। हमारे देश में जितने भी पंडित-पुजारी हैं, सबकी नजर मात्र चढ़ावें के ऊपर रहती है। लेकिन अपना प्रदर्शन ऐसा करते हैं कि जैसे धन से उन्हें कोई वास्ता ही नहीं। इस तरह के दिखावे से क्या धर्म घटता है? बिल्कुल नहीं। धर्म तो अंहकार के विसर्जन के बाद ही घटता है। क्योंकि तभी प्रेम की घटना घटती है और यही प्रेम, धर्म का शुद्ध रूप है।

अभी हमारे सभी कर्मों में अंहकार के सिवा कुछ नहीं मिलेगा। चाहे वह धन कमाने के लिए किया गया कर्म हो अथवा पूजा-पाठ, ध्यान और साधना के लिए किया हुआ कर्म हो, सभी में अंहकार की ही छाया मिलेगी। और मजे की बात यह है कि नित्य कर्मों की अपेक्षा तथाकथित धार्मिक क्रिया-कलापों से अहंकार ज्यादा मजबूत होता दिखाई पड़ता है। क्योंकि इन्हीं क्रिया-कलापों के द्वारा समाज में सम्मान प्राप्त होता है। लोग कहते हैं कि फलां व्यक्ति बहुत ही धार्मिक है। इसलिए यह सब खेल चलता रहता है।

इन सभी बातों का निकर्ष यह निकलता है कि यदि हम चाहते हैं कि जीवन में आनंद हो, तो प्रत्येक कर्म को धर्मिक कृत्य मानते हुऐ करना होगा। और यह तभी संभव होगा, जब हमारे मन से अंहकार विसर्जित हो जाएगा। निरअंहकार हुए बिना धर्म की कल्पना ही असंभव है, क्योंकि निरअहंकार के विदा होते ही प्रेम जन्मता है। और प्रेम, धर्म की घटना के बिना घट जाना असंभव है।

देखिए, हम सब एक दूसरे से सम्बन्धित हैं। हमारा जीवन बिना संबंधों के असंभव होगा। और संबंध तभी बेहतर हो सकते हैं, जब आपस में प्रेम हो। प्रेम के बिना संबंध असंभव होगा, क्योंकि प्रेमरहित संबंध मात्र घृणा का संबंध होगा, जो कि

निषेधात्मक होगा। धर्म की अनुभूति तभी संभव हो पाएगी, जब हमारे नित्य कर्मों में प्रेम का आर्विभाव होगा। प्रेम के अर्विभाव से ही कर्मों में शुचिता पैदा होती है। और जब कर्म में शुचिता आ जाती है, तब कर्म ही धर्म बन जाता है।

देखिए, जब तक आप अपने नित्य कर्म और धर्म को पृथक-पृथक देखते हैं तब तक कर्मों में पवित्रता नहीं आ सकती। और कर्मों की पवित्रता के बिना धर्म का कोई अस्तित्व नहीं। जब तक हम पूजा आराधना, जप, ध्यान और शास्त्रों के अध्ययन को धर्म मानेंगे तथा नित्य कर्मों को अपनी आवश्यकता के अनुरूप अर्थात स्वयं के बनाए हुए नियमों के अनुसार संचालित करेंगे, तब तक धर्म की अनुभूति असंभव होगी। इस स्थिति में मनुष्य शांति को उपलब्ध नहीं हो सकता। और न तो दुनिया में ही शांति स्थापित की जी सकती है। फिर चाहे हम कितना ही साम्यवाद को बढ़ावा क्यों न दें!

आज दुनिया में चारों तरफ जो अराजकता का माहौल है, उसका मूल कारण यही है। ऐसा नहीं है कि जो लोग अराजकता फैला रहे हैं अथवा जो आतंकवाद को बढ़ावा दे रहे हैं, वे नास्तिक लोग हैं। वे सभी लोग आस्तिक हैं, बल्कि अपनी आस्तिकता को और सुदृढ़ बनाने के लिए ऐसा कर रहे हैं। प्रत्येक अराजक व्यक्ति अपने धर्म को सुदृढ़ बनाने के लिए दूसरे धर्मों के लोगों को डरा रहा है। मनोवैज्ञानिक रूप से वह अपनी आस्था को सुदृढ़ बना रहा है। ये घटनाएं इसलिए घट रही हैं क्योंकि सभी धर्मों के लोग धर्म और नित्य कर्म को पृथक-पृथक देखते हैं। किसी की गोली मारकर मृत्यु के घाट उतार देना अलग बात है और मंदिर-मस्जिद में आराधना करना अलग बात है। जब तक मनुष्य की ऐसी धारणा बनी रहेगी, तब तक मनुष्य कभी आनंदित नहीं हो सकेगा।

यदि आप अपने एक दिन की दिनचर्या का अवलोकन करें तो आपको समझ में आएगा कि आपके कर्म और धर्म में कितनी भिन्नता है। आपको अपनी आस्तिकता का पता चल जाएगा। अभी जो आप अपने आस्तिक होने का दंभ भरते हैं, वह एक दिन में ही समझ में आ जाएगा। वास्तव में हम आस्तिक के भेष में इतने नास्तिक हैं कि हमें अपनी नास्तिकता का पता ही नहीं चलता। इसलिए हम धर्म और अधर्म को अनुभव कर पाने में सक्षम नहीं हैं।

स्वीकार भाव ही धर्म है

धर्म है, ईश्वर द्वारा रचित संसार को पूरी समग्रता से स्वीकार करना। यहाँ समग्रता का अर्थ है संसार में जो कुछ है, जैसा भी है, उसे पूरी तरह अंगीकार करना। ईश्वर द्वारा रचित संसार को ओढ़ लेना अर्थात बुरे को भी स्वीकारना और अच्छे को भी स्वीकारना। जब भले और बुरे में भेद न रह जाए, तभी स्वीकार भाव पूर्णता को उपलब्ध होता है। इससे पहले स्वीकार का भाव पूर्ण नहीं हो सकता। धार्मिक व्यक्ति वही कहने योग्य है, जो अमृत और जहर को समान रूप से देखता हो। क्योंकि दोनों ही ईश्वर के द्वारा उत्पन्न किए गए हैं। मनुष्य में ऐसी क्षमता नहीं होती कि वह किसी नए तत्व को पैदा कर सके। हाँ! यह अवश्य हो सकता है कि जो प्रकृति में छुपा हुआ है, उसे खोज करके उसका स्वरूप बदल सकता है, लेकिन कुछ पैदा नहीं कर सकता।

अभी हमारे साथ ऐसा नहीं हैं। अभी हम अच्छे को स्वीकार करते हैं और बुरे से बचते हैं। आदिकाल से मनुष्य की एक मात्र यही समस्या रही है कि मनुष्य सुख को तो स्वीकार करता है और दुख से बचना चाहता है या ऐसा कहें कि मनुष्य की सारी खोज मात्र सुख पाने की है, जबकि प्राकृतिक रूप से ऐसा हो नहीं सकता। बिना विपरीत के संसार एक पल के लिए भी चल नहीं सकता। विपरीत की मौजूदगी का नाम ही जीवन है। और इसी तथ्य को स्वीकार कर लेना ही धर्म है।

धर्म, ईश्वर की सत्ता को स्वीकार करने का भाव है। जब हम भाव पूर्वक ईश्वर की रचना को पूर्णतः स्वीकार कर लेते हैं, तभी हम धार्मिक कहलाने के योग्य बन पाते हैं। जब यह प्रतीति प्रतिपल हमारे दैनिक जीवन में उतर आती है और हम सुख-दुख के भाव से मुक्त हो जाते हैं, तभी जीवन में आनंद की वर्षा हो पाती है। जब कोई व्यक्ति साधू और शैतान की भावना से मुक्त हो जाता है, तभी उसके जीवन में संतत्व का भाव पैदा हो पाता है। असली संत की पहचान यही होती है कि उसके लिए कीचड़ और कमल, दोनों एक ही सिक्के को दो पहलू हो जाते हैं, वह कीचड़ और कमल में भेद नहीं जानता। ऐसा व्यक्ति जीवन के प्रत्येक पहलुओं को समान समझता है। वह जीवन रूपी अमृत को पूरी समग्रता के साथ पी जाना पसंद करता है।

लेकिन आजकल जो धार्मिकता देखने को मिल रही है, वह पूरी तरह अधार्मिकता

से भरी हुई है। क्योंकि कोई भी दोनों पहलुओं अर्थात सुख और दुख को समान रूप से ग्रहण करना नहीं चाहता। हम सभी जीवन में दुख को नकारते हैं और सुख के प्रति आकर्षित होते हैं। इसी आकर्षण के कारण ही जीवन भर दुख पाते हैं। दुख की अपनी कोई स्वतंत्र सत्ता नहीं है, वह तो हमारी अनुभूति की मात्र प्रतिक्रिया है। हम किसी तथ्य को कैसा अनुभव करते हैं, यह हमारे ऊपर निहित होता है। जैसे किसी को बारिश का मौसम अच्छा लगता है और किसी को बुरा लग सकता है। कोई दस हजार रुपए मासिक वेतन पर सुख अनुभव करता है तो कोई दस लाख रुपए वेतन पर भी दुखी रहता है। कहने का तात्पर्य यह है कि समान परिस्थति में कुछ लोग सुख अनुभव करते हैं और कुछ लोग दुख अनुभव करते हैं। इस स्थिति में यह तय करना कठिन हो जाता है कि क्या दुख है और क्या सुख है? इसीलिए ज्ञानियों ने सुख और दुख जैसी अनुभूति को अलग-अलग नहीं माना। वे तो सुख और दुख जानते ही नहीं, उनके लिए हर परस्थिति प्रभु का प्रसाद है, इसलिए वे हमेशा आनंद के सागर में डूबे रहते हैं।

दरअसल, हम परिस्थितियों को स्वयं के अनुसार चाहते हैं। आदिकाल से अनकूलता मनुष्य की सबसे बड़ी समस्या रही है। हम प्रत्येक व्यक्ति, घटना, परिदृश्य और भैतिक जीवन को अनुकूलित पाना चाहते हैं, यही मनुष्य का सबसे बड़ा रोग है। और यह रोग हमारे अहंकार के कारण पैदा होता है। हमारा अंहकार जीवन को स्वयं के अनुसार ढालने में विश्वास रखता है। क्योंकि ढलने में तो अहंकार की अर्थवत्ता ही समाप्त हो जाएगी। जीवन जैसा है, जीवन की प्रकृति जैसी है, हम उसे अहंकार के कारण ही पूरी तरह स्वीकार नहीं कर पाते, इसलिए जीवन में आनंद का आर्विभाव नहीं हो पाता।

महान दार्शनिक जे. कृष्णमूर्ति कहते हैं कि ''जो जैसा है उसे वैसे ही स्वीकार करना प्रेम हैं।'' इससे ज्यादा परिपूर्ण परिभाषा प्रेम की नहीं हो सकती। यही सिद्धांत जीवन पर भी लागू होता है। क्योंकि प्रेम और जीवन एक ही सिक्के के दो पहलू हैं। इसलिए प्रेम के बिना जीवन का कोई अर्थ नहीं होगा और जीवन के बिना प्रेम असंभव होगा। जब हम इस सिद्धान्त को समझ जाते हैं तब हमारे जीवन मे धर्म का आर्विभाव होता है। यहाँ समझने का तात्पर्य मात्र शब्दों को कंठस्थ कर लेना नहीं है, अपितु शब्दों के भाव को हृदय से स्वीकार कर जीवन में उतार लेना है।

साधारणतः मनुष्य तो शब्दो से ही स्वीकार नहीं कर पाता। हृदय से स्वीकार कर पाना तो बड़ी बात है। दुनिया में जो घृणा नामक बीमारी है, वह पहले शब्द से ही शुरू होती है और बाद में कृत्य में उतरकर बृहद रूप ले लेती है। हम किसी व्यक्ति की सबसे पहले शाब्दिक रूप से बुराई करते हैं और फिर यह आदत इतनी घनीभूत हो जाती है कि एक दिन घृणा के रूप में परिवर्तित हो जाती है। घृणा, एक दिन की पैदाइश नहीं होती। यह लगातार बुराई करने का परिणाम होती है। और इस बीमारी का कारण अंहकार होता है।

दरअसल, हम किसी की बुराई करते ही इसलिए हैं कि हम स्वयं को सर्वश्रेष्ठ समझते हैं। यह जो (Suppriyarstri Complex) है, यह एक तरह की मानसिक बीमारी होती है, जो अहंकार (Ego) के कारण पैदा होती हैं। हमारे मन के सबसे शूक्ष्मतम तल, जिसे अचेतन मन कहते हैं, उसमें अहंकार (Ego) बड़े ही शूक्ष्म रूप में विद्यमान रहता है, जो हमारे न चाहते हुए भी अपना कार्य करता रहता है। मनुष्य अहंकार के कारण ही विपरीत को स्वीकार नहीं कर पाता। वरना जीवन मे विपरीत जैसा कुछ है नहीं। यथार्थ तो यही है कि संसार में जो कुछ भी है, वह एक का ही विस्तार है। पूरे ब्रह्मांड में जो कुछ भी मौजूद है, वह सब परमात्मा का ही है। इसलिए कुछ विरोध जैसा हो ही नहीं सकता या ऐसा कहें कि यदि विरोध लगता भी है, तो यह हमारी नासमझी का ही परिणाम है, जो अहंकार की ही छाया है।

दरअसल, मन के द्वारा जो भी समझ आयेगा वह अहंकार में परिवर्तित हो जायेगा। क्योंकि बिना मन के अहंकार का कोई अस्तित्व नहीं होता। आप मन और अंहकार को एक ही सिक्के के दो पहलू कह सकते हैं। दोनों का किसी एक के बिना कोई अस्तित्व नहीं होता। चूंकि मन गणित की भाषा समझता है, इसलिए प्रेम को स्वीकार नहीं कर सकता। मन हमेशा लाभ की बात सोचता है, इसलिए समत्व को स्वीकार करने का प्रश्न ही नहीं उठता। और प्रेम स्वीकार की भाषा जानता है। प्रेमी के पास लाभ-हानि का हिसाब किताब नहीं होता। प्रेम का अर्थ ही होता है स्वयं के विपरीत को भी स्वीकार करना। यही निरअंहकार की स्थिति है।

लेकिन क्या वास्तव में हमारे साथ ऐसा है? क्या हम सभी कुछ स्वीकार करने की स्थिति में हैं?

शायद नहीं। क्योंकि यदि हम ऐसे होते तो हमारी हालत ऐसी नहीं होती, जैसी है। अभी हम समग्र को स्वीकर करने की स्थिति में नहीं हैं। क्योंकि हम अभी मात्र अंहकार की भाषा समझते हैं, इसलिए समग्र को स्वीकार नहीं कर सकते। समग्रता को स्वीकार करने के लिए हृदय में वृहद प्रेम चाहिए, जो हमारे पास नहीं है।

जब हमारे मन में यह प्रतीति पैदा होती है कि संसार के चारों ओर ईश्वर ही विद्यमान है, तब प्रेम का अविर्भाव होता है। जब तक किसी भी प्राणी व वस्तु को ईश्वर से पृथक समझते रहेंगे, तब तक हमारे मन में सच्ची आस्तिकता पैदा नहीं हो सकती। आस्तिक का अर्थ ही यह होता है कि पूरे अस्तित्व को ईश्वर का स्वरूप समझना।

जब हमें प्रत्येक कण में ईश्वर का ही स्वरूप दिखाई देना शुरू हो जाता है तभी स्वीकार भाव का जन्म होता है। तब हम साधु और शैतान को एक ही रूप में देखना शुरू कर देते हैं। हमारे लिए दोनों में कोई भेद नहीं रह जाता। ऐसी स्थिति को हमने परमानंद कहा है। जब चारों तरफ ईश्वर की ही प्रतिमा दिखाई देने लगे, तभी सच्चिदानंद के दर्शन उपलब्ध होते हैं। तभी हमारे जीवन में स्वीकार का अविर्भाव होता है। जो धर्म की पराकाष्ठा है, जिसके बाद कुछ भी नहीं बचता।

प्रेम ही धर्म है

कहा जाता है कि संसार में धर्म की खोज मनुष्य को मोक्ष तक ले जाने के लिए की गई है। लेकिन मैं मानता हूँ कि धर्म का प्रार्दुभाव प्रेम को बनाए रखने के लिए किया गया होगा। क्योंकि प्रेम ही मनुष्य की पहली और आखिरी प्यास है। प्रेम के बिना मनुष्य जीवन में आनंद को उपलब्ध ही नहीं हो सकता। इसलिए ज्ञानियों ने अपने शिष्यों और अनुयायिओं को प्रेम की शिक्षा दी, तत्पश्चात अनुयायिओं ने दुनिया में धर्म का विस्तार किया, जिसका प्रमुख उद्देश्य मनुष्यों में समस्त सृष्टि के प्रति प्रेम का प्रार्दुभाव करना था।

मैं प्रेम को धर्म इसलिए कहता हूँ कि धर्म की सम्पूर्ण निष्पति ही प्रेम है। संसार में मनुष्य एक ऐसा प्राणी है जो प्रतिपल कर्म के घेरे में घिरा रहता है। फिर चाहे वह कुछ भी न कर रहा हो, लेकिन मन अवश्य कुछ न कुछ करता रहता है। मनुष्य का

सोचना भी कर्म है। इसलिए धार्मिक व्यक्ति वही कहा जा सकता है, जिसके सोचने में भी जगत के प्रति प्रेम हो। यदि हमारे किसी भी कर्म का परिणाम प्रेम से परिपूरित नहीं है तो वह कर्म, धर्म के दायरे में नहीं होता। और ऐसा कर्म किसी भी व्यक्ति व प्राणी को आनंद नहीं बांट सकता। जब हम स्वयं के द्वारा किसी को आनंद प्रदान नहीं कर सकते तो हमें धार्मिक कहलाने का कोई हक नहीं बनता। क्योंकि आनंद ही प्रत्येक मनुष्य की प्रथम और अंतिम इच्छा होती है।

कबीर ने कहा कि "ढाई अक्षर प्रेम का पढ़े सो पडित होय।" यहाँ पंडित का तात्पर्य शब्दों को कठस्थ करने वाले ज्ञानी से नहीं, अपितु अनुभव से परिपूर्ण ज्ञानी से है। ऐसा व्यक्ति जो प्रेम के अनुभव से सराबोर हो गया हो। जिसके लिए साधू और शैतान एक समान हो गए हों। कबीर ऐसे व्यक्ति को ज्ञानी नहीं मानते हैं, जो केवल ''प्रेम'' शब्द को तोंते की भांति रटता रहता है, जिसकी कथनी और करनी में जमीन-आसमान का अंतर होता है। ज्ञानी तो वही व्यक्ति माना जाता है जिसके मन, वाणी और कर्म में समानता हो। जो शब्द को नहीं, अपितु अनुभूति को सत्य मानता है। जो प्रेम को जीता है, जिसकी जीवनशैली में प्रेम समा जाता है, वही प्रेमी कहलाता है। लेकिन मनुष्य के लिए प्रेम शब्द को ढूंढ़ना अर्थात दोहराना ज्यादा आसान लगता है। इसलिए लोगों ने कबीर के इस दोहे का तात्पर्य सिर्फ शब्द को दोहराना ही समझ लिया है। जबकि असली तात्पर्य प्रेम को अनुभव में उतारने से तथा प्रेम को हृदय की ज्योति बना लेने से है। परन्तु हम सब बड़े चालाक लोग हैं। हमें अर्थ का अनर्थ करने में ज्यादा देर नहीं लगती। हम किसी भी चीज का अर्थ अपनी सुविधानुसार कर लेते हैं, इसलिए तो धर्म को मात्र शाब्दिक अर्थ देकर संतुष्ट हो जाते हैं। और स्वयं को यह मानते हैं कि हम बड़े धार्मिक हैं। हमसे बड़ा धार्मिक व्यक्ति दुनिया में और कोई भी नहीं। इस प्रकार की धार्मिकता से धर्म को जितना नुकसान हुआ है, उतना किसी अधार्मिक गतिविधि से नहीं हुआ।

निश्चित ही यह विचारणीय तथ्य है। देखा जाए तो आप सोच रहे होंगे कि आखिर मैं प्रेम को ही धर्म क्यों कह रहा हूँ? क्योंकि प्रेम मनुष्य की ही नहीं बल्कि प्रत्येक प्राणी के हृदय की प्यास है। आप देखते होंगे कि आपका पालतू कुत्ता भी आपसे प्रेम की उम्मीद करता है। जब आप उसे प्रेम से दुलारते हैं तो वह भी पूंछ हिलाकर

आपसे लिपटने की कोशिश करता है अर्थात वह भी प्रेम पाना और प्रेम देना चाहता है। मनुष्य को छोड़कर सभी प्राणी प्रेम के बदले प्रेम ही देना जानते हैं, लेकिन मनुष्य के साथ ऐसा नहीं है। मनुष्य प्रेम तो पाना चाहता हैं, लेकिन देना नहीं चाहता और यदि देना भी चाहता है तो उसका अहंकार उसे ऐसा करने नहीं देता। मनुष्य के साथ सबसे बड़ी अड़चन यह है कि मनुष्य का मस्तिष्क हमेशा हृदय पर हावी रहता है। जबकि अन्य किसी प्राणी के साथ ऐसा नहीं होता। यदि हम मन को ही अहंकार कहें तो कोई अतिश्योक्ति नहीं होगी। क्योंकि यदि मन है, तो अहंकार होगा। और अहंकार होगा तो मन और मजबूती के साथ अपनी जड़ें जमाएगा।

आपने महसूस किया होगा कि जब आपसे कोई प्रेमपूर्वक व्यवहार करता है तो आपको अथाह आनंद आता है, क्योंकि यह आपके जीवन की प्यास है। आपकी दूसरों से हमेशा यही अपेक्षा क्यों रहती है कि सब मुझसे प्रेमपूर्वक व्यवहार करें? क्योंकि यह आपकी प्यास है, ठीक यही अपेक्षा दूसरों को भी आपसे रहती है। लेकिन समस्या तो यह है कि देने की शुरुआत कौन करे? क्योंकि प्रत्येक मनुष्य पाने की चाहत से ओत-प्रोत है। इस तथ्य का मूल कारण यह है कि देने में आपको झुकना पड़ता है। इसलिए आप जब अपना अंहकार त्यागते हैं, तभी आप झुकना सीख पाते हैं। उदाहरण के लिए जब आप किसी को नमस्कार करते हैं तो आपको झुकना पड़ता है, कि नहीं? क्योंकि बिना झुके आपके नमस्कार का कोई मूल्य नहीं होता। सामने वाला यह समझ जाता है कि आप प्रेमपूर्वक नमस्कार कर रहे हैं या औपचारिकतावश हाथ हिला रहे हैं।

तो एक बात तो निश्चित है कि प्रेम में अंहकार को त्यागना पड़ता है। और अंहकार कोई त्यागना नहीं चाहता। त्यागना भी क्यों चाहेगा, क्योंकि अहंकार बड़े परिश्रम से निर्मित हो पाता है। ये जो मनुष्य की बड़ी-बड़ी कामनाएं हैं ये सभी अहंकार के कारण ही तो निर्मित होती हैं। बड़े मकान, महंगी कार, महंगे कपड़े, हीरे-जवाहरात ये सब अहंकार के ही परिणाम हैं। इनको प्राप्त करने के लिए मनुष्य दिन-रात एक कर देता है। तो इनके द्वारा जो अहंकार निर्मित होता है, वह भला कोई कैसे छोड़ सकता है? प्रत्येक अमीर व्यक्ति यह चाहता है कि सभी लोग मेरे सामने झुकें और मुझे किसी के सामने झुकना न पड़े। इसी कारण अमीर व्यक्ति प्रेम के मामले में सबसे

गरीब होता है। उसके सामने जो झुकता भी है वह उसके लिए नहीं झुकता, अपितु उसके धन के कारण झुकता है। अमीर व्यक्ति के सामने कोई श्रद्धापूर्वक झुक ही नहीं सकता। क्योंकि सब जानते हैं कि यह केवल झुकाना चाहता है, झुकना नहीं चाहता। और प्रेम तो केवल प्रेम के द्वारा ही पाया जा सकता है। आप प्रेम को किसी शर्त द्वारा खरीद नहीं सकते।

मैं प्रेम को धर्म इसलिए भी कहता हूँ कि प्रेम हम सबकी आवश्यकता है। मनुष्य प्रेम के बिना जीवित नहीं रह सकता। तभी तो लोग आत्महत्या तक कर लेते हैं। दुनिया में अधिकतर आत्महत्याएं प्रेम के अभाव में की जाती हैं। जब मनुष्य के पास कहीं कोई प्रेम की आशा नहीं बचती, तब उसे जीवन खत्म कर लेना ही ज्यादा उचित लगता है। धर्म कोई दिखावे की वस्तु नहीं है, अपितु जीवन जीने की शैली है। धर्म के द्वारा मनुष्य जीवन को जीना सीखता है। धर्म जीने की कला सिखाता है और प्रेम जीवन को नया आयाम प्रदान करता है। इसलिए प्रेम और धर्म दोनों एक ही सिक्के के दो पहलू हैं। धार्मिक व्यक्ति पूर्णतः प्रेमपूर्ण होगा और प्रेम से परिपूर्ण व्यक्ति ही सच्चा धार्मिक होगा। प्रेम, धर्म की कसौटी है।

ये जो आजकल के तथाकथित धार्मिक लोग हैं ये तो मात्र वस्त्रों और तिलक, चन्दन से धार्मिक नजर आते हैं। वास्तविकता तो यह है कि इनसे ज्यादा अधार्मिक सामान्य लोग भी नहीं होते। इन धार्मिक व्यक्तियों के भीतर इतना क्रोध और वासना होती है कि सामान्य व्यक्ति इनका मुकाबला नहीं कर सकता। यदि आपको मेरी बात पर यकीन न हो, तो किसी तथाकथित धार्मिक गुरु के पास बैठकर आजमाइए। आप इनके खिलाफ बस कुछ शब्द बोल दीजिए और फिर इनका क्रोध देखिए, आपको ऐसा लगेगा कि ये साक्षात यमराज हैं। इनके जैसा अहंकारी तो रावण भी न रहा होगा। इन तथाकथित साधुओं के हृदय में तनिक भी प्रेम की ज्योति नहीं होती। क्योंकि ये सब अकमर्णयता के कारण साधू बन जाते हैं। इनके हृदय में कोई सत्य की प्यास नहीं होती। ये तो बेचारे अपना जीवन काटने लिए पीताम्बर ओढ़ लिए और बन गए साधू। जिस मनुष्य के हृदय में प्रेम की ज्योति न जलती हो, वह तो धार्मिक हो ही नहीं सकता। क्योंकि प्रेम के द्वारा ही सत्य को जाना जा सकता है। प्रेम ही सत्य तक पहुंचने का मार्ग है। और यदि ईश्वर को भी अनुभव करना है तो प्रेम का दरवाजा